ピエール・サディ 著

丹羽　和彦　訳

福田　晴虔　編

建築家

アンリ・ラブルースト

Henri Labrouste
architcte

1801-1875

本書の刊行は、1976年にオテル・ド・シュリ[1]で開催されたアンリ・ラブルースト展を期に、そのために行なわれた調査をもとに企画されたものである。1977年、国立文化財金庫の展覧会事業部 le Service des Exposition de la Caisse Nationale des Monuments Historiques et des Sites がそれをこの展覧会の内容紹介のための案内書として刊行したもので、その作成にはカトリーヌ・シャニョー〔Catherine Chagneau〕、クロード・マレコ〔Claude Malécot〕とピエール・サディ〔Pierre Saddy〕が参画した。イヴォンヌ・ラブルースト〔Yvonne Labrouste〕女史、レオン・マルコット〔Léon Malcotte〕氏、国立図書館の版画部門〔Cabinet des Estampes〕、国立古文書館、エコール・デ・ボザール図書館の各位には、その作成に当たってご協力を得たことに謝意を表する。

© Caisse Nationale des Monuments Historiques et des Sites
　62, rue Saint-Antoine, 750004 Paris

編集・構成　Pierre Saddy

凡例

本訳書は Pierre Saddy, *Henri Labrouste, architecte 1801-1875*, Paris 1977 の全訳である。
故丹羽和彦による訳稿をもとに編者（福田晴虔）が体裁を整えた。
図録という原著の性格上、図版の配列や大きさ、解説文の割り付けなどは、出来る限り原著のそれに従うように努め、頁割りも変更していない。原著の版型は正方形であるが、訳文の収まりや訳注を脚注の形で付する必要上、A4版とした。
本文中に〔　〕で括って挿入したものは編者の判断で補足したもので、また訳注、巻末参考文献などはすべて編者が付したものである。

訳注
1. Hôtel de Sully. マレー地区 le Marais 所在の17世紀建設の都市住宅。1967年以来 Caisse National des Monuments Historiques et des Sites の本拠となり、これが企画する様々な展示会場として用いられている。

《工事が終わるや否や、私は大いなる満足感と共にカルトン一杯になっていた大量の不要書類や書簡、見積書、作業メモ、習作、デッサン、詳細図、等々を、工事終了後に残土を処分するときのように、燃やしてしまいました。》[1]アンリ・ラブルーストの作業関係資料は、このセザール・ダリ[2]宛ての書簡に示唆されているサント−ジュヌヴィエーヴ図書館のそれからも分かるように厖大なものであって、この建築家の仕事への打ち込みとその大いなる描図の才能により、忍耐強く持続的な作業を通じて間断なく蓄積されていたものであった。その作業からは風景や様々な事物を描写するという真の喜びが伝わってくるが、とりわけ建築にまつわるすべての事柄、その構成や構法の特徴と形式など、通常は眼に見えない隠された部分の構造細部をも見落とすことがない。

遺されたこれらの図の形態は多様である。実施された大規模計画に関わるものが契約許諾書類の中に混じっていたり、建築主の許へ返されていることの多い素晴らしい彩色された直筆の水彩で、精巧な複製によらないかぎり再現が困難なものもあるし、原図が展示や出版に用いるため銅版画師に預けられているものがあり、広く展覧会で公開するためにヨーロッパ各地の建築家たちに貸し出されたものもある…。紛失したり破損したりする機会も多かったが、またそれだけ広く知られることにもなったのである。《ラブルーストは、余人には考えられないような無頓着さで自分のデッサンを他のすべての人々が自由に扱うに任せ、またそのことにより当代における最も重要な刊行物にも寄与することとなった。彼はパエストゥムやポンペイ、シチリアなどで数多くの遺跡の絵をものしたが、それらはイットルフ氏の建築の彩色に関する素晴らしい著書[3]に利用されている。レオンス・レィノー氏[4]はこの建築家〔ラブルーストのこと〕の手になる数多くの図をその建築書の刊行のために利用しておられるし、ド・ノルヴァン[5]の *Italie pittoresque* やダリ氏の *Revue*、その他多くの刊行物にも用いられているのであって、アンリ・ラブルーストは数多くのクロッキーや素晴らしい習作をいとも無造作に描き散らしていたのである。》[2]

アンリ・ラブルーストは資料収集や教育などの目的から丹念にデッサンや抜き書きを作成していた。それらがかの有名なカルトンの中身となって学生たちの利用するところとなるのであるが、その中には彼自身の手になるものに混じってデュク[6]やデュバン[7]、ジルベール[8]その他の人々のものも含まれていた…。《彼自身もまた、自分の建築修練の際には、美しい昔の建物の前に立つや否や、常にその細部を余すところなく写しとり、それも極度の正確さでそのデッサンに描き留めていた。そこにはペラスギ[9]の人々の用いた様々な道具や巨石建造物から始まり、古代や中世の美しい壁画に現れた題材の一覧まで見ることができる。》[3] 400人もの学生がラブルーストのアトリエから巣立ち、数多くの優れた同僚たちがその理念を奉じており、実現した作品が少ないために、遺された集団的記憶の痕跡は限られてはいるが、それらは一人の建築家が与えた大いなる影響の大きさのほどを示している。

(1) H. Labrouste, *Lettre à César Daly. Revue générale de l'architecture*, T 10, 1849. p. 381.
(2) E. Millet〔1819–79, ラブルーストの教え子〕, *Henri Labrouste. Bulletin de la Société centrale des architectes (1879–1880)*, p. 17.
(3) E. Millet, *op. cit.*, p. 10.

---

2. César Daly (1811–94). エコール・デ・ボザールでデュバン（下記訳注7参照）のアトリエで学び、アルビ大聖堂の修復に関わっていた（1843–77）。1840年には *Revue générale de l'architecture et des travaux publics* 誌を主宰（1888年まで）、新しい建築思潮の紹介に努める。その一方では1848年からはフーリエの思想に共鳴し、社会主義的コミュニティ創設運動にも関わったりしている。

3. Jacques-Ignace Hittorff (1792–1867) はドイツのケルンで生まれたがエコール・デ・ボザールに学び、その後フランスに帰化し、オースマンのパリ改造計画事業に協力している。彼が自らの調査に基づいて1830年以後発表し続けた古代ギリシア神殿の彩色に関する研究は、多くの議論を巻き起こした（cf., "De l'architecture polychrome chez les Grecs, ou restitution complète du temple d'Empédocle dans l'acropole de Sélinonte. Extrait d'un mémoire aux Académies des inscriptions et belles-lettres et des beaux-arts", *Annales de l'Institut de correspondance archéologique*, 1830, p. 263–284 ; *Restitution du temple d'Empédocle à Sélinunte, ou L'Architecture polychrome chez les Grecs.* Paris : Firmin-Didot, 1851, etc.）

4. Léonce Raynaud (1803–80). エコール・ポリテクニク出身の土木技術者で、橋梁や港湾施設、鉄道駅舎、灯台などの建設に関わる。1837年以後はポリテクニクの教授となる。建築についても発言しており、*Traité d'architecture*, Paris 1850 の著がある。

5. Jacques Marquet de Norvins (baron de Montbreton), *Italie pittoresque*, 1850.

6. Joseph-Louis Duc (1802–79). 1825年に Grand Prix を獲得し、数年間をラブルーストやデュバン、ヴォードワイエらとともにローマに留学していた。パリの高等法院 Palais de Justice の改築がその代表作とされる。

7. Jacques-Félix Duban (1798–1870). ラブルーストの先輩で1823年に Grand Prix を獲得し、ポンペイやエトルリアの墓の調査などで後輩のラブルーストらに大きな影響を与えた。エコール・デ・ボザールの教授となりキャンパスの整備に努め、またブロワのシャトーやパリのサント・シャペルの修復なども手がけている。

8. Émile-Jacques Gilbert (1793–1974). 1822年に Grand Prix を与えられ、1827年までヴィッラ・メディチで後輩たちに影響を与えたとされる。シャラントンの精神病院 L'asile de Charenton (1833–42) や各地の監獄・警察施設などを手がけた。ラブルーストらの "rationalistes" 世代の牽引役とされる。

9. Pelasgi (*fr*: Pelasges). 伝説上のギリシアのテッサリア地方の先住民族（ラピュタイ人やケンタウロスなど）を指す。

エコール・デ・ボザール
1819-1824 年

　ラブルーストはエコール・デ・ボザールに 1819 年に入学したが、そこでの彼の評判は猛烈な勉強家で孤独を好むというものであった。自分が未熟でまだ学び足りないとの自覚から、彼は孤独な作業に自らを仕向け、仲間たちに引き摺られることには抵抗しなければならないとの確信に至っていた。こうした厳しい自己鍛錬へと自らを駆り立てる営みが、正規の課題カリキュラムの上にさらに加えられたのである。そのカリキュラムは 1819 年から 1824 年にかけてちょうど改革の最中にあり、ラブルーストは同級生たちと共にその時期に遭遇していたのであって、それは建築家育成の目的を改訂しようとするものであった。《当時は『製図工』を創り出そうとしていたのであって、建築学校での課題提出では、ペリステリウムにしろ凱旋門にしろ、先生方が作成したデザインから逸脱することがあってはならなかった。》[1] ラブルーストはイッポリト・ルバ[10]のアトリエで計画やデザインの課題に取り組むのであるが、そこからは 23 名ものローマ大賞受賞者を輩出していた。彼の発言はやや抑えた言い方ながら、過度に描図の修練を重んずる教育に直面させられたことを伝えている。しかしそれにもかかわらず、彼はそうした課業に従順に取り組むのを拒否はせず、その面においても彼は名手となるのである。

　《やがて経験が示すこととなるのは、描図だけが学生たちに課すべき課題ではなく、むしろ彼らには建築構法〔l'art de bâtir〕の手ほどきをすべきだということであった。》[2] ラブルーストはここではジャン - バティスト・ロンドレ[11]の教科の題名である「建築構法」という語を持ち出しているのであって、ロンドレは 1806 年以来、建築学生たちに建築構造を教えていたのである。《まもなく我々が眼にしたのは、若者たちが 10 枚もの図面を無数の建具の詳細図や石材加工の原寸図で満たしたものを提出してくるようになったということである。言うなればそれは『建設技術者』を育てようとするものであった。》[3] ロンドレが要求していた課業と設計課題のプログラムとの間には何の連携も考慮されておらず、そちらの方は建築理論の教授であったルイ - ピエール・バルタール[12]が企画を担当していた。《残念なことに、構造のコンクールと建築のコンクールとがそれぞれ独立してなされている。これではまるで建築と構造とは別物であって、別々に学ぶことが出来るものだとでも言うかのようだ。》[4] ラブルーストもヴォードワイエ[13]がその教育のための課題プログラムとして具体化していたものをそっくりそのまま、その教育方針として受け継ぐこととなる[5]。

　《審査の公正さのみが競争心を刺激しまた意欲を失わせるのを防ぐものなのです》とラブルーストは兄のテオドール[14]に 1830 年の夏、書き送っている。審査員たちの働きぶりは実際のところおしなべて不評であり、その教育的役割は論議の的となっていた。審査員には建築アカデミーのメンバーも加わってはいたが、学士院の改組[15]以来、その参加者の大半は設計課題の専門的内容には関知しない人々となった。《40 名の王室建築家〔architectes du roi〕[16]がこのアカデミーを構成しているのだが、学士院ではいまやそれが僅か 8 名に置き換えられてしまい、驚くべき不均衡が生じていた…。そこで彼ら、画家や彫刻家、版画家、音楽家たちの審査員が直面させられる困惑は、誰もが感じずにはいられなかったはずで、彼らは一つの計画案を見せられて、その計画の長所やどこかの箇所についての基本的な部分同士の結びつき、機能と関わる部分、その用途、その実現方法などについて、〔その場で〕意見をまとめなければならないのだ…。これだとコンクール参加者の命運は、それぞれに関わりを持つクラスの利益を図らなければならない 8 人の建築家たちの手に委ねられてしまっていると言わざるを得ない。》[6] すでに 1830 年のまだローマのアカデミーの給費留学生であった時期に、ラブルーストは大臣への報告の中で、エコール・デ・ボザールでの審査方法の改革と応募方法の改良について要請していた。この報告は 1831 年には演習に関する委員会設置という形で実を結び、やがてラブルーストもそこに参加して活発に活動することとなる。勉学中のラブルーストにとってこうした状況も怠けて落ち込むことへの言い訳にはならず、自己鞭撻を放棄することはなくむしろ勉強を倍加させていたのであった。一年目の終わりには彼は上級〔1er classe〕への進級を認められ、1823 年には「部門賞」〔prix départemental〕を受けるのであり、これは在学期間中に最も多く賞を受けた学生に与えられるものであった。

(1) H. Labrouste, "Travaux de l'Ecole d' Architecture de Paris pendant l'année 1839", *Revue générale de l'Architecture*, tome 1, 1849, p. 58.

(2), (3) et (4) *ibid.*, p. 59.

(5) Vaudoyer, *Projet d'organisation d'une Ecole nationale d'Architecture, 24 pluviôse, an IX*〔革命暦 9 年雨月 24 日＝ 1801 年 2 月 13 日〕.

(6) L.-P. Baltard, *Observations sur l'état actuel du classement des élèves de la section d'architecture à l'Ecole Royale des Beaux-Arts*, 1822.

---

10. Louis-Hippolyte Lebas (1782-1867). ペルシェ＆フォンテーヌ（p. 7 の訳注 20 を参照）のもとで修業し、ヴォードワイエ（下記注 13 参照）と共同で当時最も大きなアトリエを率いていた。1825 年には学士院会員となり、1840 年からはボザールの建築歴史の講座を担当することとなる。cf. Françoise Largier, "Louis-Hippolyte Lebas (1872-1967) *et l'histoire de l'art*", in *Livraisons de l'histoire de l'architecture*, N. 9, 2005, pp. 113-126.

11. Jean-Baptiste Rondelet (1743-1829). スフロのもとで永くパンテオン（Ste-Geneviève）の工事に携わり、その間古典建築の構法研究に取り組み、1802 年から 1817 年までかけて厖大な建築書 *Traité théorique et pratique de l'Art de Bâtir* (7 voll.) を上梓している。

12. Louis-Pierre Baltard (1764-1846). ペイル Antoine-François Peyre（1739-1823. 有名な Marie-Joseph Peyer, 1730-85 の弟）に師事して 銅版画家から建築家に転身し、刑務所建築を数多く手掛ける。1818 年からボザールの教授となり、建築理論（邦訳、白井秀和訳「ルイ＝ピエール・バルタール、ボザール建築理論講義」中央公論美術出版、1992）の講座を担当した。

13. Antoine-Laurent-Thomas Vaudoyer (1756-1846). 同じくペイルの弟子で 1783 年に Grand Prix を獲得している。1798 年からアカデミー改革に取り組み、ボザールにおける建築教程の基礎を創り上げた。1818 年から 30 年までルバと共同のアトリエを率いていた。息子のレオン Léon (1803-72) はラブルーストの後輩に当たる。

エコール・デ・ボザールの「パレ・デゼテュード」[17]
〔Palais des Etudes〕屋階

この屋階はラブルーストが建築家デュバンの下で工事監督〔inspecteur〕を務めていた時期の1832年から1838年までの間に実施されたもの。　　撮影 Musy

噴水

Dessin, Coll. Y. Labrouste

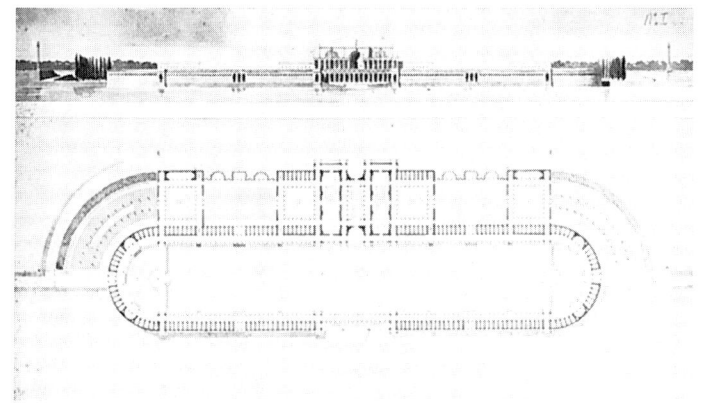

遊泳プールのための建物

これは上級年次〔1er classe〕のエスキース課題で、運河の中に造られる遊泳プールとその附属施設のための建物。

Bibl. Ecole des Beaux-Arts

---

14. Théodore Labrouste (1799-1885). アンリ・ラブルーストは4人の兄と一人の姉の末子で、テオドールはすぐ上の兄である。1817年にボザールに入学していたが、弟のアンリに遅れること3年後の1827年に Grand Prix を受けた。

15. 学士院 L'Institut de France. は大革命後、1795年にそれまであった各分野の王立アカデミーを廃止・統括する形で設置されたが、体制の変化に伴い幾度か改編され傘下のそれぞれの「アカデミー」も復活されている。ここで言われている改組は1816年にルイ十八世によりなされたものを指している。

16. Architecte du Roi. 16世紀以来、王室の作事 Bâtiment du Roi に関わる建築家の一般的称号であるが、絵画や彫刻、音楽などの分野のアカデミーとならんで1671年にフランソワ・ブロンデル François Blondel (1618-86) により「建築アカデミー」Académie Royale d'Architecture が組織されると、Architecte du roi の多くが自動的にそのメンバーとなった。これらの各アカデミーはいずれも古典古代の文化継承を目的に掲げており、そのための拠点 Académie Française de Rome をローマに置き（当初は Palazzo Capranica にあったが間もなく Palazzo Mancini に移転、1803年からは Villa Medici)、フランス国内の優秀な人材を選び出しては国費でローマに滞在させ古代美術の研究を行なわせることとなっていた。建築アカデミーも1717年からはその講義を一般に公開し、年一回公開の設計競技を行なって最優秀者にメダルを授与するが、学生たちをローマに送り出すようになるのは1725年以後のことであり、それも必ずしもメダル受賞者とは限らず、国王や側近の有力者が恣意的に選んだ若者が指名されるような状況であった。アカデミーのコンクールと「ローマ大賞」Grand Prix de Rome が公式に一体のものとして定着するのは大革命以後である。1816年の改組によってコンクールは美術アカデミー（絵画・彫刻・建築・音楽などの各部門を含む）の指導・監督下に置かれた高等美術学校（「エコール・ナショナル・シュペリュール・デ・ボザール」Ecole Nationale Supérieure des Beaux-Arts）が実施し、最終審査は学士院 L'Institut de France の美術部門のメンバーたち（建築関係のメンバーは1795年の発足当初は6名であったが1816年以後は8名となった）によって行なわれることになっていた。この Grand Prix de Rome の制度は1968年にド・ゴール体制下でアンドレ・マルロー André Malraux (1901-76) が文化相となって廃止するまで存続した。

17. ボザールの校舎は1816年以来、セーヌ左岸 Quai Malaquais に面する古い修道院を利用して開設されたが、1832年から64年にかけてフェリクス・デュバンの設計により増改築が開始、敷地東側の Rue Bonaparte に面する側に正門が設けられ、広い前庭の奥に Palais des Etudes（学生の製図室と古典建築や彫刻の石膏模型などを展示するホールを兼ねた建物）が造られた（1834-40）。

博物学者の家

　この作品は1822年に第二位のメダルを獲得したもの。《深さ50m余りの谷の底にあり…、そこに住居と自然界の三領域における稀少な産物をおさめる展示ギャラリーや図書室、二つのパヴィリオン、温室、禽舎、放牧場、池、小農場…などをおさめる。》この奨励コンクールではデュバンが一等賞を獲得した。

　　　　　　　Bibl. Ecole des Beaux-Arts

建築家中央協会[18] Société centrale des architectes 用箋の上部

　会員証の表側の図柄をカットにしたもので、建築を表現している。アンリ・ラブルーストは1840年の建築家協会創設時からの顧問会員であった。1873年にはこの職能組織の会長となっており、その組織の主目的は建築家の新たな社会的地位の確立ということであった。

建築家中央協会会員証（裏面）

《建築家協会の会員証が表現しているのは、一方の面が建築である。あらゆる時代のモニュメントがその頭上に描かれていて、あたかもその頭脳から産み出されたもののように見える…。裏面に彫刻されているのはその二つの表象、コンパスと花であり、科学と技芸、つまり正確さと自由の象徴である。》
H. ラブルースト, *R. G. A.*, T. 8, 1849, p. 151.

---

18. この組織（略号SCA）は建築家の国家資格制度確立を目指すもので、500人の会員としてスタートした。1940/45年にOrdre des architectes が設置されてそれがフランス全国各地域に支部をおいて建築家資格の認定業務に関わるようになると、1953年にはその任務を終えたとして、Académie d'Architecture（学士院傘下のアカデミーとは異なる任意団体）と名前を変え、建築に関わる文化的活動に専心することとなる。ラブルーストは1873年に会長となっている。

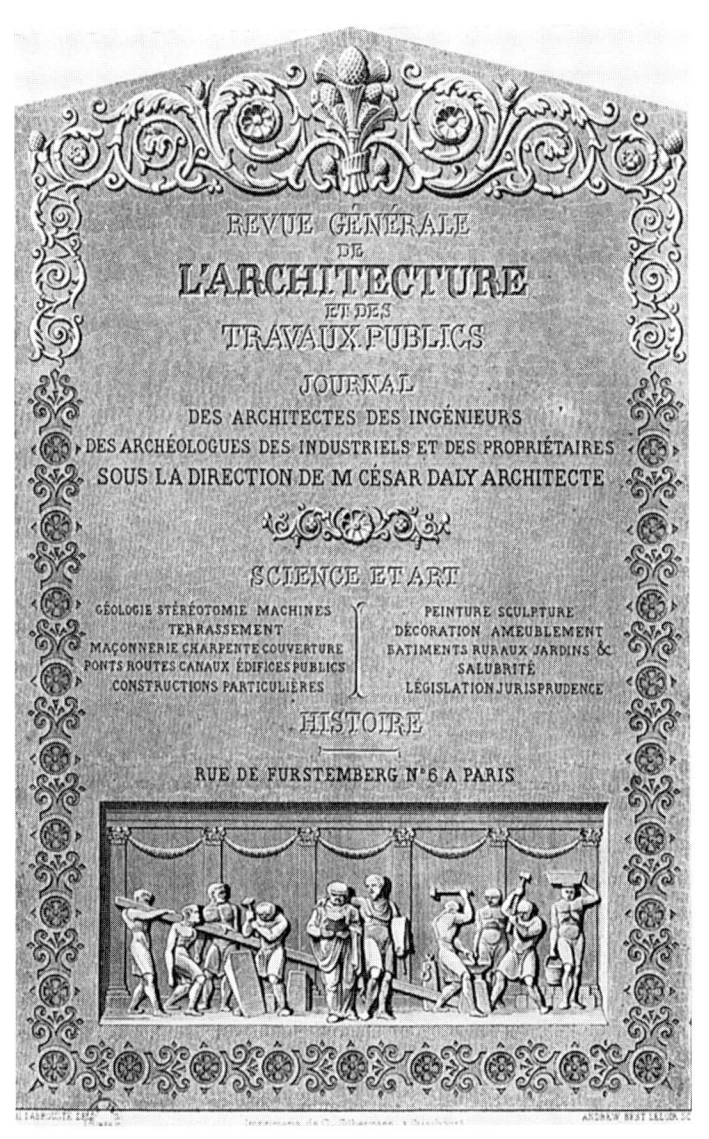

Revue Générale de l'Architecture et des Travaux publics 〔建築・公共工事〕誌表紙

　飾り絵は技芸に関わる人間が科学に関わる人間に支えられている様子を表しており、その協働のあり方が工人たちの仕種に行き渡っている。この雑誌は 1840 年にセザール・ダリにより発刊されたものであった。《私は、この建築の雑誌の企画に際して、それを私の手に委ねて下さったすべての同僚諸氏の思い出に対し、深甚なる敬意をこめ賞賛を捧げております。》

　セザール・ダリ、「芸術における真実探求の流派について、建設者週間に寄せる。1887 年 6 月 25 日」。

最高裁判所計画案

　1824 年、美術アカデミーはグラン・プリの課題を王立最高裁判所とすることを発表した。《この建築は、古代の様式処理に反することなく、またその慣習から逸脱することのないようなものとする。アテネやローマにはそれぞれに裁判所があり、それらには裁判を行なうための広い広間、傍聴を待つためのアトリウムや柱廊、…こんにちにおいても用いられているような無数のものが備わっていた。それゆえコンクール応募者は、この建築の構成においては、かくも重要なる裁判という高貴にして厳粛なる特質にふさわしいたぐいの建築手法に従わなければならないのである。》ボザールのシステムではまだ建築家資格認定を行なうことを認めておらず[19]、ローマ大賞は最も競争の激しい賞であった。その授与に関わっては審査員たちの間でしばしば白熱した議論が交わされていた。《アンリ・ラブルーストがまだ非常に若いことに対して、幾人かのメンバーから異議が提起され、その計画案の優秀さについての意見も表明されていたにも関わらず、このあまり真面目ではない意見が躊躇の雰囲気を創り出していたのであったが、ペルシェ氏[20]が審査会場に入ってこられたことでそれは鎮められた。実際、この畏敬される長老はその眼で八人の応募者の作品を素早く見終わった後、アンリ・ラブルースト氏の作品に対するきわめて率直な熱意をこめて好意的評価を表明したため、その確信は他の意見を圧倒してしまい、投票が行なわれると全員一致してこの最も年少の応募者にグラン・プリを与えることとなったのであった。》[21]

　ラブルーストの教え子であったマルセル Marcel の談、E. Millet, "Henri Labrouste", *Bulletin de la S. C. des architectes*, 1879–1880 が伝えるところによる。

　　　　　　　　　　　Desssin. Bibl. Ecole des Beaux-Arts

---

19. 当初ボザールにはいわゆる卒業設計 diplôme de l'architecture（＝建築家資格認定試験）というものは存在せず、1867 年になって SCA（前頁の訳注参照）の働きかけによりようやくボザールがこの制度（ただし Grand Prix 受賞者のみに適用）を設け、1877 年にはそれが国家資格として認められることとなる。この資格はパリのボザールとその三つの分校（リールとボルドー、マルセイユ）にだけ与えられていたが、1968 年に Grand Prix の制度が廃止され、ボザールは解体されて、代わって 12 の大学と同格の建築教育機関がおかれることとなる。その後幾度かの制度改革を経て、現在はフランス国内の 20 の高等建築学校 Ecole supérieure d'architecture が diplôme 取得に向けた教育を行なうことになっている。

20. ペルシェ Chales Percier (1764–1838). 先輩のフォンテーヌ Pierre-François Léonard Fontaine (1762–1853) と共同し、カルーゼルの凱旋門の設計をはじめ、ナポレオン一世時代のいわゆる「アンピール様式」Style Empire を代表する建築家。1811 年以来アカデミー会員となっていた。

21. ラブルーストにとってはグラン・プリ挑戦はこれが二度目であった。一度目は 1821 年の課題「裁判所」Palais de Justice で、このときはブルーエ Guillaume Abel Blouet (1795–1853) が優勝し、ラブルーストは二位に終わっている。このことについては、ラブルーストの死後にヴィオレ－ル－デュクが、これはラブルーストの師であったルバが若いラブルーストの才能を妬んでいたためだとしていた（Viollet-le-Duc, *Lettres extraparlementaires*, Fev. 1877）。この発言はラブルーストの優秀さを強調するための誇張と見られ信ずるに足りないし、ルバとラブルーストとの関係は決して悪いものではなく、ルバもラブルーストの才能は高く買っていたようである。しかしラブルーストは必ずしも従順な学生というわけではなく、教師の教えを無視して自分のやり方を押し通す、やや扱いにくい生徒であったらしい。この最高裁判所の審査は、最初の審査結果は 8 位であったが、ペルシェとユィヨ J-N. Huyot (1780–1840) の支持により逆転してラブルーストが 1 位になったのだと言われる。

〔シチリア島におけるスケッチ、1828年〕

ローマ滞在 1824-1830年

　23歳のとき、ラブルーストは最高裁判所の計画でローマ大賞を獲得した。国からの給費期間は5年間で、受賞者たちはヴィッラ・メディチに寄宿することになっていた。古代のモニュメントについて研究するなかで、彼らは《パリにいる教授や学生たちが利用出来るように、その比例の成り立ちを探究しなければならない》[1]のである。この義務の内容は、毎年アカデミー・デ・ボザール宛てに envoi〔成果品の小包〕を送りつけることであった。これは《パリで公共の展覧に供されるもので、その初年度のものは『建築細部の図』で古代建築遺跡から作成したものとなっていた。第2年次はそれらの建築のどれか一つの（現状の）『全体図』。第3、4年次は、歴史に基づく多少の推測をまじえつつ『復原』および『修復』を、それまで図化したモニュメントとさらにもう一つの重要と考えられるものについて行なうこと》であった[2]。

　ヴィッラ・メディチではラブルーストは「先輩たち」、ヴィレン[22]、ブルーエ、ジルベール、デュバンといった面々から迎えられた。この時期、1825年にはブルーエはカラカラの大浴場の有名な図を作成し、この envoi で《ローマ美術における構造と装飾のあらゆる手法を示す》ことにより、建築への情熱のほどを表明しており、それは後にロンドレの建築書増補版編纂事業にまで彼を導くのである。ブルーエの作業成果物は1828年に国費で刊行されるが、それはラブルーストに対しても、建築を全体像として捉え分析するというその方針を勇気づけることとなる。彼は課業の重圧から解放されたこのローマ滞在の期間を存分に利用した。彼はその対象を古典古代のものに限らず選び取ることが出来た。彼は美的な秩序だけにとどまらず構造的な秩序についての判断基準をも身に着けることができた。特に彼は、一枚の図のドローイングの中に建物の全体像を、文章の援けに拠らず、表現しようとする野心的な試みを盛り込むことができた。彼の最初の envoi の中身は、格式を誇るアカデミーの慣例に反抗するものであった。展覧会の終わりに行なわれる恒例の会議での年次報告では、これは批判されずには済まなかったようで、そのことはラブルーストの父[23]の発言からも窺い知ることが出来る。《通例によってなされる批評については……あまり親切とは言い難い、ないしは少なくともあまりうまくできているとは言い難い……その形式の当否はともかく、私の目に映ったかぎりでは、疑惑の念が湧いてくるのを禁じ得ない。お前が採用した作図法への所見については、テオドールが次のように私に話してくれた。先輩方の中には図面を見るとまるで煙の煤を吹きかけられたとでも言わぬばかりに振る舞われる方もおられます……。また別の見方としては、その先生方は図中の注記の方を重視なさるのですが、そうした観察所見や問題箇所の指摘などは、ドローイングの envoi にはよく見られるものなのです。……この類の文章は、課題などに付記されたものは、図自体の価値にはほとんど寄与することがないものです。それが言わんとしているのは、当の作者は単に義理でやっているのではなく、ちゃんとその題材を理解しているのだぞということなのです》[3] ラブルーストにとっては、図はそれ自体だけで充分に建築を理解させまた建築の姿を再現させることの出来るものなのであった。その大いなる作図能力のおかげで、描く角度と手法を工夫することにより、その形態と構造との関連とを把握していることを示し得るのだという自信を披瀝しているのである。《ラブルーストがローマから送りつけた envoi の数々は世間を驚かせた。それらは前代未聞の様相を呈していた。それらの地味な仕上がりの裏には慣例を揺るがすような破格の手法が見出されるのである。それらはアカデミーによって起草された要綱には合致しないものと見なされてしまう。彼は何物をも無視することなく、すべてを記述しようとし、石組みの方式に至るまでもそのドローイングの中に描き込んでいる。そこからは構造の成り立ちが容易に読み取られるようになっている。そこからは主たる形態のリズムを支えている第二層のリズムまで感じ取ることができるのである。しかし先達たちの手本に背くことによ

---

22. François-Alexandre Villain（1798-1884）は1820年に Grand Prix（課題は医学校）を獲得している。
23. François-Alexandre Labrouste（1761/2-1835/6. この年代は白鳥洋子氏の論文（巻末参考文献参照）によるものだが、その後白鳥氏からは1762-1835が確からしいとのご報告を頂いている）。大革命期には「500人議会」の議員となり、幾度かの政変の間も有力な官僚として重用されていたが、1835年7月の「フィエスキの謀叛」Conspiration de Fieschi に巻き込まれ死亡している。

り、彼はすでに反発を惹き起こしていたし、またその後全生涯にわたって蒙ることとなる批判にも曝されたのだ……。》(4)

人によっては、ラブルーストの名声はその「建築製図」の才能だけによるものだと片付けてしまうほどであったが、実際《その腕前を知らしめたいというだけなら、図書館の建築などは必要としなかっただろう》ともいう(5)。自分の計画案をその完全な姿で建てる機会を待ち焦がれていた彼は、ローマから戻ってから一つの仕事の声がかかるまで 8 年間も待たされたことについての失望を表明している。《芸術の修練は単に、個人的満足に安住させるとか、あるいは仲間内での僅かな議論を交わすという目的だけに資するようなものであってはならないのであって……政府当局はいつの日か、ローマのフランス・アカデミーを脅かしているある種の退廃について責任を負わなければならなくなると言わざるを得ない。給費生たちが帰国した時に待ち受けている悲しむべき状況、真面目に長期間学ぶ者が少ないこと、建築家たちにとって 5 年間にもわたって留守を強いられることから生ずる実質的損失、戻ってからは何の保証もないこと、これらすべては忍耐心を養うにも競争心を掻き立てるにも、ほとんど役立ちはしない。》(6)

ナポリの博物館での模写
ポンペイ壁画　Dessin 1826, Bibl. Nat. Est

(1) *Correspondance des directeurs de l'Académie de France à Rome.* tome 1, p. 28.
(2) Planat, *Encyclopédie de l'Architecture et de la Construction*, Art, Prix de Rome [24].
(3) アレクサンドル・ラブルーストの息子宛書簡, 20 sept. 1827, coll. Y. Labrouste.
(4) Emile Trélat, *Discours à la séance d'ouverture de l'Ecole spéciale d'Architecture*, Paris, 1875.
(5) Laborde (Léon de) [25], *De l'organisation des bibliothèques de Paris*, Paris 1845, p. 27.
(6) H. Labrouste, "Ecole des Beaux-Arts", chronique. *R.G.A.*, tome 1, 1840, p. 544

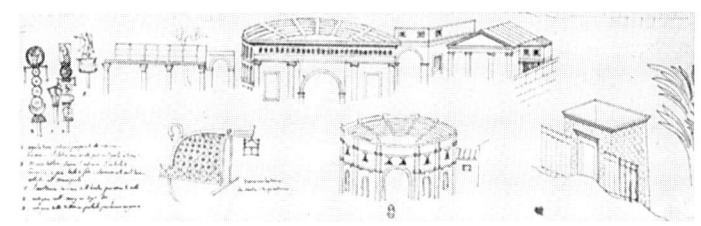

トライアヌスの円柱[26]
《ここに見られるのは細心の注意を払った正確な再現であり――こうした歴史に対する得難い上質の仕事なくしてはこの装飾様式の素晴らしさは図示できるものではない――そこに見出されるのは、武具や着衣、トライアヌスによって征服された人々に仕向けられる戦争に関わる装置などなのである。》* またそこには同様な正確さでラブルーストが分析した建築各部も表されている。

* E. Rivoalen, art Trophée in Planat, *Encyclopédie de l'Architecture et de la construction*.

Dessin. Bibl. Nat. Est.

---

24. Paul-Amédée Planat (1830-1911). この *Encyclopédie* は 1882-92 年に 2 巻本（Librairie de la Construction Moderne, Paris）として刊行されたもの。
25. Simon Joseph Léon Emmanuel, marquis de Laborde (1807-69). ゲッティンゲン大学で学び、外交官として活躍するが、美術や文学など文化一般に関心を持ち、多くの評論をものしている。特に彼が 1845 年に発表した *Lettres sur les Bibliotheques* というパンフレットはラブルーストの国立図書館建設計画に大きな影響を与えたと考えられている。ド・ラボルドは当時からラブルーストを高く評価していた一人であった。1853 年には美術アカデミー総裁に推挙されるが断り、1857 年からは帝室古文書館の館長となっている。原注 (4) の Trélat については P.27 の訳注 72 を参照。
26. トライアヌスの円柱を覆う浮彫りの中の、建築に関する様々な図柄を写し取ったものと見られる（Bibl. Nat. Est., VZ-1030-[7]-FOL. 25,4×43 cm）。なお、この Rivoalen からの引用文は、ここに掲げられている図（「トライアヌスの円柱、薄肉彫りの詳細」）とは関わりがないように見え、白鳥氏の推測では、おそらく 1826 年の envoi である「トライアヌスの記念柱、ペデスタルのファサード」の図についての評言であろうという。

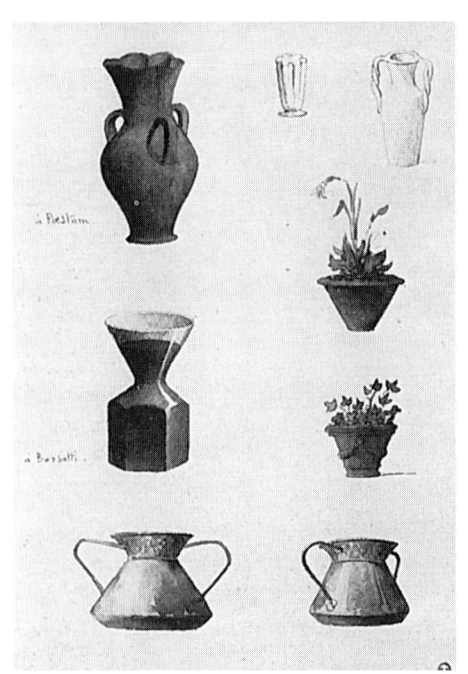

イタリアでのスケッチ[27]

《古代ローマのモニュメントだけでは彼の知識欲は満たされなかった……グラン・プリ受賞者としての研修義務を果たすための大判の図の他にも、無数の小さなスケッチを、ペンや淡彩、セピア、黒インク、水彩などで作成していた。我が師はイタリア滞在中のすべての思い出をそれらに定着させようとしていたのだ。道中では珍奇な井戸や噴水、素敵な民家、趣のある橋などを見出さずにはいられなかったのではなかろうか。それら様々な題材を描き留めてはそれらをカルトンに貯め込んでいたのだが、それらの無数のコレクション、本当に数え切れない魅力的なスケッチは、彼のご子息の一人レオン・ラブルースト氏[28]への芸術遺産であり、それは彼をも建築家の途に導くことになるのである。》

Eugène Millet, "Henri Labrouste", *Bulletin de la Société centrale des architectes*, 1879-1880.

Dessin. Bibl. Nat. Est.

---

27. この右上の図は p. 11 の解説及び注 29 にある「イゾラ・ベッラ」の水上からの眺望、また右下のドローイングは古代のアクロポリスの空想的復原図と見られる（あるいは次頁の「古代都市」の別の角度からの眺望かとも思われる。制作年代不詳。Académie d'Architecture, Paris, 255.2, 26.1×44 cm）。

28. Léon Labrouste (1846-1907). 1870 年にボザールを修了し、1876 年からは国立図書館の維持管理の仕事を任されている。

イゾラ・ベッラ[29]のパラッツォ・ボッロメオ〔p. 10の右上〕

《イゾラ・ベッラについては次のように言わざるを得ないのだが、与えられた課題がかくの如く建築が全体を覆ってしまうことを許すのであれば、もっと想像力を解き放って、ただ一つの同一のモティーフをだんだん小さくしながら十遍も繰り返すのではないやり方もあったろう、しかしいまなお抗しがたい圧倒的な印象の下では、誰がこの考案者を非難できようか…》*。確かにこれが惹き起こす縮小効果が建築家に喜ばれたのであった。J.-J. ルクー[30]がすでにイゾラ・ベッラをその美しい着色の建築図集のなかに取り上げていたし、二十世紀初めにはジョルジュ・グロモール[31]がその著「大規模建築図集」にきわめて正確な平面図を示しており（pl. 22, 23）、それがラブルーストのスケッチからヒントを得ていたものであることは間違いない。

* J. Bruckhardt, *Der Cicerone*（仏訳）T. 2, p. 303.（瀧内槙雄訳「チチェローネ」建築篇、p. 453）

Dessin. Bibl. Nat. Est.

古代の都市〔右図〕

この復原に際しては、ラブルーストはアグリジェントやペルージアなどの古代建築の様々な部分を利用している。門の上には敵から奪った本物の武具が嵌め込んであり、石でそれを象ったものではなく、これはペルージアの門[32]と同様である。

Dessin. Coll. Y. Labrouste.[33]

---

29. Isola Bella は北イタリアのマッジオーレ湖 Lago Maggiore の中の小島群の一つで、ストレーザ Stresa の西に 1632 年からカルロ・ボッロメオ伯爵 conte Carlo Borromeo が造営を開始したもので、様々な建築家や彫刻家たちが動員され、その後数代にわたって建設が続けられ島全体が建築と付属庭園に覆われて一大奇観を呈している。18 世紀以来多くの著名人が訪れ有名となっていた。
30. Jean-Jacques Lequeu (1756-1825). カウフマン Emil Kaufmann (1891-1953) の有名な論文 "Three Revolutionary Architects" (*Transactions of American Philosophical Society*, N.S., Vol. 42, Pt. 3, 1952 邦訳、白井秀和訳「三人の革命的建築家 ブレ、ルドゥー、ルクー」、中央公論美術出版、1994) でブレーやルドゥーとともにフランス大革命期を代表する前衛建築家として取り上げられて以来、脚光を浴びた。ほとんど実作品はないが、多くの建築図集を発表している（建築だけでなく、身体を克明に描いた猥褻に近い図も多数遺している）。イゾラ・ベッラの図はその *Architecure civile* (1825) の Pl. 73 がそれと見られる。
31. Georges Gromort (1870-1961). ボザールの出身で、母校で教鞭をとっていた。多くの著作があるが、「大規模建築図集」というのは *Choix de plans de grandes compositions exécutées présentant, avec leurs jardins ...*, Paris 1910 をさす。
32. p. 17 参照。
33. ラブルースト家の居間に「アグリゲントゥム」*Agrigentum* の題で飾られていたものという。かなり鮮烈な色使いで、柱や梁などはポンペイ風に赤く塗られている。ここに描かれている門は、イタリア中部の山岳都市ヴォルテッラ Volterra にあるエトルリア期の門 Arco Etrusco (Porta all' Arco) と似ており、あるいはそれをモデルとしたものであったかもしれない。(65.6×46.1 cm)。現在は Académie d'Architecure, Paris に移管 (255, 1)。

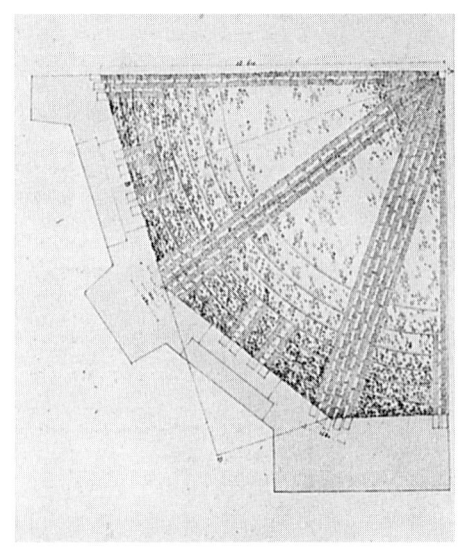

ミネルヴァ・メディカ神殿[34]

ピラネージの素晴らしい銅版画では、ミネルヴァ・メディカの神殿があたかも地面や草木の間から生えてきたかのように描かれている。そのローマ「風景」では、この版画の大家が他の場合には巧みに行なっていたような構造の分析は試みられていない。ラブルーストはそれに挑戦し、専門家たちがその有効性を示していた構法システムを表現する図法で描いている。神殿の壁体は10辺の多角形として造られている。《小さなペンデンティヴ群（これまで知られている最初期の例）がヴォールトの曲面と結びつけられ、それはごく一部が半球形をなして遺るのみであるが、これらは1828年まではほぼ完全な形を保っていたのであって、その年に嘆かわしい破壊に遭ったのであった……。ここでもパンテオンのクーポラにあった大きな補強のアーチ群が見出される……しかしそれらのアーチ群の繋げ方はためらいがちである。始まったかと思うと途切れるような繋げ方である。その工夫は魅力的かつ賢明なものであると同時に、経済的でもある。それというのも、ヴォールトがカヴァーしている面とそれを支えるためのポイントが占める部分との割合は、後者が前者の2/11に過ぎないのである。》* その作図の正確さと分かりやすさはかの有名なオーギュスト・ショワジィによるローマのヴォールトの研究[35]の先駆けと言える。

* Alphonse Gosset, *Les coupoles d'Orient et d'Occident*, Paris 1889.

Dessin, Coll. Y. Labrouste.

---

34. Tempio di Minerva Medica はローマ市街東南部のポルタ・マッジォーレ Porta Maggiore の近傍に位置する。4世紀頃の建造で、このあたり一帯を占めていたリキニウス家の庭園 Orti Liciniani の中の施設（「ニンフェオ」ないし浴場施設）であったと考えられる。ルネサンス頃からミネルヴァの神殿遺構と考えられ、その名で通用している。ピラネージ Giovanbattisa Piranesi (1720–78) が描いたこの遺跡の図は3点ほど知られており、1748年版の *Varie vedute di Rome*, pl. 42、1756年版の *Antichità romane*, I, fig. 21、1778年版の *Vedute di Roma*, pl. 75 などがあるが、いずれも草深い中から立ち上っている様子を透視図的に描いており、*Antichità romane* の他の建物解説で用いられていた正確な立面図や断面図とは異なる描法である。1828年のクーポラ崩壊は、この遺跡から建設資材を調達しようとしたためであった。ここに掲げられた二枚の図は一枚の図面（52×41.5 cm）に一緒に描かれているもので、左の小さな見上げ図は大きな断面詳細図の左下に配され、その右には丁寧な手書きの説明文がある。この図も現在は Académie d'Architecture, Paris が保管している（266）。

35. Auguste Choisy (1841–1909), *L'art de bâtir chez les Romains*, Paris 1873 を指す。ミネルヴァ・メディカについての記述は、p. 83, fig. 47 及び pl. XI に見られる。

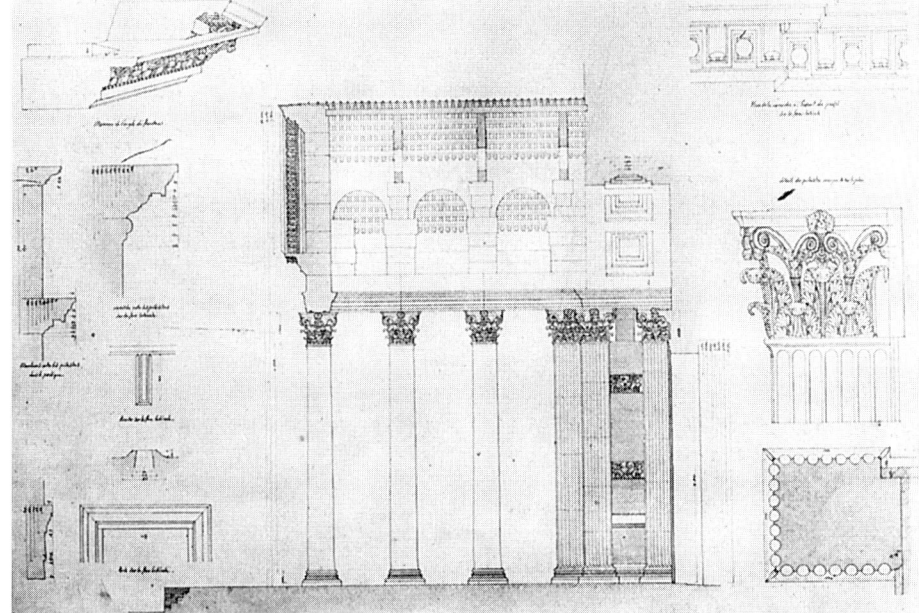

ローマのパンテオン

　ローマのパンテオンは特別な研究対象として崇められており、建築家たちはその大クーポラだけに絞って考察を行なうこともしばしばである。19世紀初め、アシル・ルクレール[36]が古代建築に関する著書の中でそのプロナオスの梁組の断面図を発表しており、これは多くの学生たちから参考にされていた。ラブルーストはすでに解決済みと考えられていたこの課題に取り組み、この難しい選択をすることで、図上の表現法の工夫によってその解析能力を披瀝するのである。彼はパンテオンの新しい像を提示するのであるが、それは姿図と詳細図との難しい結合によるものであって、特にプロナオスの断面図の場合にはそれが顕著なのである。《統合こそがラブルーストにとっての基本的掟であった。彼は建物全体の構成や細部形態と隠れた構造との間の、そこでの石が形作る器官とそれを包み込む皮膚に相当する外観の記号との間の、完全な調和を強く求めたのである。建物は、彼の言うには、その成り立ちと外見とが密接に関連しなければならないものなのであった。》

Albert Soubies, *Les Membres de l'Académie des Beaux-Arts*, 1911.

　　　　　　　　　Dessin. coll. Malcotte

---

36. Achille-François-René Leclère (1785–1853). 当初エコール・ポリテクニクのデュランの許で学び、次いでペルシェのアトリエに入る。1808年に Grand Prix を獲得、1813年にその最終 *envoi* としてパンテオンの断面図を提出した。アカデミー会員、学士院会員となる。これを引用している Albert Soubies については p. 85 の訳注 120 を参照。

アントニヌスとファウスティーナの神殿の柱頭

　帝政時代、1809年にローマとティブール地方の知事となったカミーユ・ド・トゥールノン[37]は、1814年にアントニヌスとファウスティーナ神殿[38]の柱廊を発掘させた。ラブルーストはその遺構を取り上げた一連の図をアカデミーへの最初の*envoi*とした。そこにはプロナオスのファサードの復原案も加えられていた。《列柱は雲母入り大理石で出来ており、台礎やエンタブラチュアはグレィの大理石である。ケラの壁はアルバーノの石に大理石を化粧貼りしたものである。》こうした材質の自然の色彩の取り混ぜ手法は、ラブルーストの場合がそうであるように、《外観の彩色は様々な材料の自然の色彩を利用することに限るべきであると言明する》人々にとっては、特別な研究対象であった。この*envoi*が公開展示された際のアカデミーの報告で、イッポリト・ルバがそれを取り上げており、彼は新らしいノートル-ダム-ド-ロレット聖堂[39]の建築家であった。ラブルーストの図はそのプロナオスのためのせいの高い大オーダーの円柱のモデルとして利用されることとなる。テオドールは1827年の5月に弟に次のように書き送っている。《私はお前のアントニヌスとファウスティーナ神殿の図をルバ氏のもとに届けてきた。それは間もなく彼の聖堂のオーダーに用いられることになるだろうが、彼はそれを大切に扱うと約束してくれた。》

Dessin. Coll. Y. Labrouste.

ノートル-ダム-ド-ロレット
聖堂のプロナオスの柱礎

撮影 Musy

---

37. Camille de Tournon (1778-1833) はナポレオンによって1809年にローマの知事に任命され、ナポレオン失脚の1814年までの間、Forum Romanum の発掘・整備に努める。Forum はそれまでは4mもの土砂が堆積し、また古代遺跡の多くはキリスト教聖堂や他の用途に転用され、民家などが場所を塞いでいたが、彼は大量の土砂や後世の付加物を取り除き、かつての Via Sacra のレヴェルまで掘り下げた。現在の Forum の様相はほぼ彼の整備事業の結果であると言ってよい。

38. Tempio di Antonino e Faustina. フォルム・ロマヌムの一郭で Via Sacra に面しバジリカ・アエミリア Basilica Aemilia の東隣に位置する。Hexastyle（プロナオス正面が6本の列柱からなる）の神殿。141年に死亡した皇帝アントニヌス・ピウス Antoninus Pius（在位138-161）の妃ファウスティーナ Faustina を祀るために元老院の決議によって建設され、その後皇帝自身もともに合祀されることとなった。中世にはキリスト教聖堂 S. Lorenzo in Miranda に転用され、プロナオス前面にはアーチが付加されていたが、16世紀にはアーチは取り除かれ、聖堂は旧神殿のケラ部分のみを使用している。なお白鳥洋子氏のご教示によれば、この円柱の図と酷似した別のもう一枚の図が存在し、その図を掲げた Dubbini 編のラブルーストに関する著作（巻末の参考文献目録参照）では、それをパンテオンのプロナオスのもの（Tempio di Antonino e Faustina のそれとよく似ている）であるとしており、また2013年に Paris と New York で行われている展覧会に出展されたその図には、ラブルーストの筆跡で "DEL'ORDRE DU PORTIQUE DU PANTHÉON" と明記されているという。しかしその図は Saddy がここに掲げている図とは微妙に違っており、ラブルーストは非常に良く似た

〔サント‐ジュヌヴィエーヴ〕

ラッファエッロのロッジァ

　ラッファエッロはヴァティカンのロッジァ[40]にその名を残しており、そこに有名な装飾を制作した。《無限に多くの細部をいかに一個の調和せる印象へとまとめ上げるか、その偉大なる秘密は、ここでは分節と序列づけということである。上位の付柱から下位の付柱、アーチ群、帯層、コーニスなどはそれぞれの種別毎にそれら固有の装飾体系が与えられているが、建築は依然なお常に全体の支配者である。》
J. Bruckhardt, *Der Cicerone*（仏訳 1892, T. 2, p. 189—瀧内槇雄訳「チチェローネ」建築篇、p. 319）

Dessin. 1830, Bibl. Nat. Est.

図書館の装飾

　大閲覧室ではアーチの装飾が上塗りを施した石組みの上に型板で描かれている。それはラブルーストがローマ滞在中に描きとったラッファエッロのロッジァから着想を得ている。

Austin 撮影

それらを比較検討するために両方を実測していたのだろうと白鳥氏は結論づけておられる。

39. Notre-Dame-de-Lorette. パリ9区、旧オペラ座の西北に位置する。1823-36年にラブルーストの師であるルバの設計により建設され、その代表作とされる。せいの高い Pentastyle（正面4本の円柱のプロナオスの形式）のポルティコをそなえる。
40. Logge di Raffaello と呼ばれているのは、ヴァティカン宮殿の一郭で「サン・ダマゾの中庭」Cortile di S. Damaso に面する4層の回廊の西側のロッジァ13スパン分を指す。この部分の建築はすでに1509年からブラマンテが着手していたもので、1513年以後ラッファエッロが工事を引き継いだとされている。2層目から4層目までのロッジァ内部はすべてラッファエッロとそのアトリエの画家たち（ジョヴァンニ・ダ・ウーディネ Giov. da Udine, 1487-1561 やペリーノ・デル・ヴァーガ Perino del Vaga, 1501-47 など）による装飾が施されている。ラッファエッロ自身が建築的構成にどこまで関わったかは不明だが、装飾全体のプログラムが彼によるものであることは確かである。　この図 Bibl. Nat. Est. VZ-1030 (8)-FOL は3階のヴォールトの装飾を写し取ったもので 41.2 × 25.6 cm。

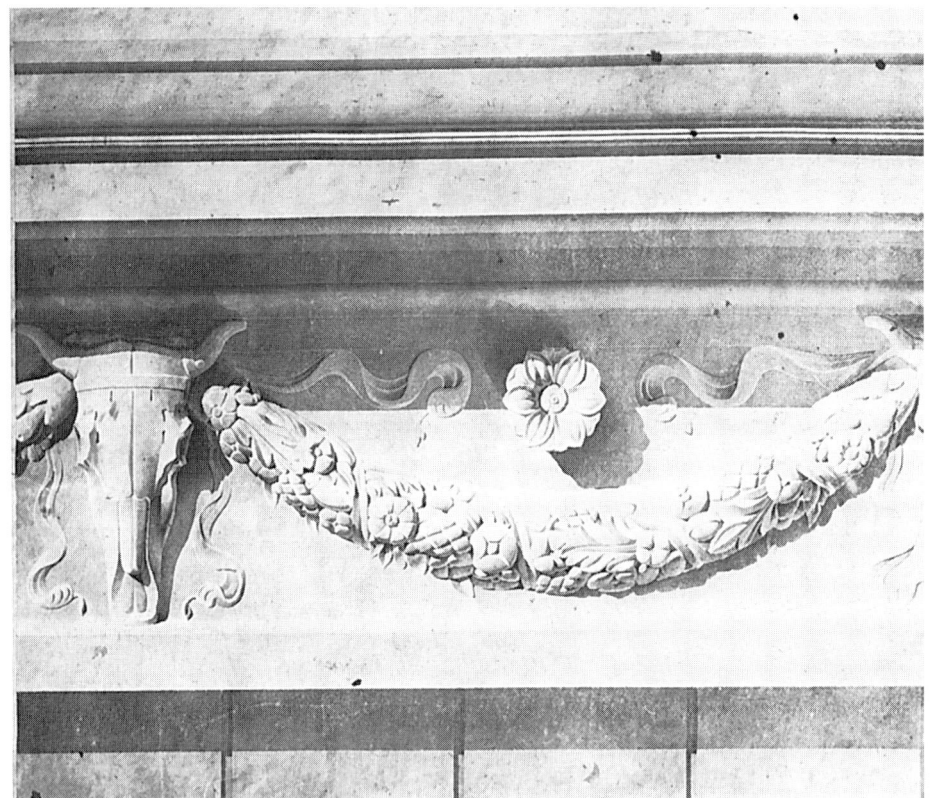

カエキリア・メテッラの墓

　カエキリア・メテッラの墓[41]のフリーズはサント-ジュヌヴィエーヴ図書館のフリーズに応用されている、古代のものにあったブクラーナ〔牛の頭蓋骨を象った装飾〕は、ブロンズ製の留め金具で図書館の頭文字を彫りつけたものに取り替えられている。

Dessin. Coll. Malcotte.
〔現在は Académie d'Architecture, Paris, 253, 66×98.4 cm〕

〔サント-ジュヌヴィエーヴ図書館入口上部〕　　撮影 Austin

ペルージャの市門[42]〔次ページ〕

　様々なレヴェルの建築的解決法を注意深く探るべく、ラブルーストは特にアーチの構造と形式の可能性という点から、その一つを選び出している。実際の建築の仕事が増えて行くにつれ、それらは彼の教えの中で特別のテーマとなって行く。《アーチの構法は素晴らしい教訓を提供してくれるものであって、そこからは古人たちが手探りで創り上げてきたものから学び取ることができ、その最良の例がペルージャのアウグストゥスの門と呼ばれているものであるとされ…そして先生の結論は常に、内外ともに同一輪郭を有するアーチ〔arc extradossé〕が最良と言うのであった。》* そのアーチとは、アーキヴォルト外側と内側の輪郭が平行であって同心円状をなす、つまり半円形となっているものである。これら二つの特徴が結びつくことによりその性能はより高くなる。壁とアーチにはそれぞれ異なる石組みを採用することにより、カスプや持送りなどの荷重分散の備えを持ち込まずとも済む。また異なる仕上げにより石材を変えて経済性にも役立つ。硬い石はアーチの迫石に、柔らかい切石や煉瓦は壁にすればよい。アーチ自体の建造法も、迫石を予め厳密に同じ形に成形しておけば簡略化できる。

　ペルージャの市門は、こうしたモールディングの単純化の手法を示しており、それはデュランも説いているところであるが、特に《インポストなしでアーキヴォルトを建ち上げる場合は、アーチも壁も完全な水平地盤の上に置くことが必要となる。》** 地盤が水平であることは自立壁の安定性の法則にも合致するものである。

　屋階の手法は、エンタブラチュアにおけるトリグリフがイオニア式の溝彫り付きの付柱を想起させ、またメトープの円盤はギリシア、アルゴスの楯であるが、これはローマ人たちがそれが軍事施設に防御のサインとして用いたことが知られる最初のものである。このモティーフはジャーナルや百科事典などを通じて広く知られ、大量の多様なスタイルを産み出すことになる。エ

---

41. Tomba di Cecilia Metella (Caecilia Metella). ローマの南方アッピア街道 Via Appia に面して建つローマ期の陵墓。カエキリア・メテッラ（c. BC. 100-30?）はマルクス・リキニウス・クラッスス Marcus Licinius Crassus（カエサルとともに「三頭政治」を担った同名のクラッススの息子）の妻。墓はローマ南東郊外アッピア街道のそばにある。直径 20 m、高さ 11 m の円筒形で、コンクリートの躯体にトラヴァティン貼り、基部は四角い構造となっている。14 世紀初めには土地の豪族により砦に転用されていた。教皇シクストゥス五世 Sixtus V（在位 1585-90）によって一部復原・修復された。

42. Arco d'Augusto (or Etrusco). ペルージャ旧市街の北の市門。BC. 3 世紀末の建設とされるが、BC. 27 年ころにアウグストゥスにより手が加えられた。ペルージャは BC. 4 世紀末以後はラテン人の支配下にあったが、この門はローマ以前のエトルリア的手法を遺しているとされる。この図（次頁上の図）も現在は Académie d'Architecture に移管（278, 66.5×97.3 cm）。

国境の橋

コール・デ・ボザールがその発信源で、フェリクス・デュバンによる Palais des Etudes の上部飾りがそれである。その現場でラブルーストは inspecteur〔工事監督〕、つまり建築家助手を勤めており、その肩書きに負わされた仕事は、単に工事を監督するのみならず、《細部を設計する》ことも含まれていた。国立図書館の前庭に面する大広間屋階にも同様に、大理石と堅牢な石によるこの有名なモティーフが見られる。

* Eugène Millet, "Henri Labrouste". *Bulletin de la Société Centrale des Architectes*, 1870-1880.
** J. Gailhabaud, *L'Art dans ses diverses branches*, Paris 1863, Tome 1, p. 16.

Dessin. Coll. Malcotte.

《ローマでの5年間の滞在の後フランスに帰国するに当たって、アカデミーの給費生たちは、私の見るところ、帰国報告として少しばかり目立つような何かを、でなければ研鑽の成果やその重要性を、少なくともその考え方や様式によって提示しなければならないことになっていたようである。それは何らかのかたちでフランスに向けた発言で、しかし旅行や古代研究からヒントを得たものでなければならなかった。》* ラブルーストは、フランス的建築を外国の事物を引き合いにしながら創り出すという矛盾を、二つの国の国境を計画案とすることで解決した。二つの凱旋門はペルージャの市門から着想を得ているが、このモデルはそれに加えてフランス文化の遺産であるロマネスクの特徴をも想起させるのである。

* H. Labrouste, "Travaux des Elèves de l'Académie de France à Rome", *R.G.A.*, Tome 1, p. 546.

Dessin. Coll. Malcotte.
〔この図は現在は Musée d'Orsay 蔵
ARO 2009 51. 65 × 97.5 cm〕

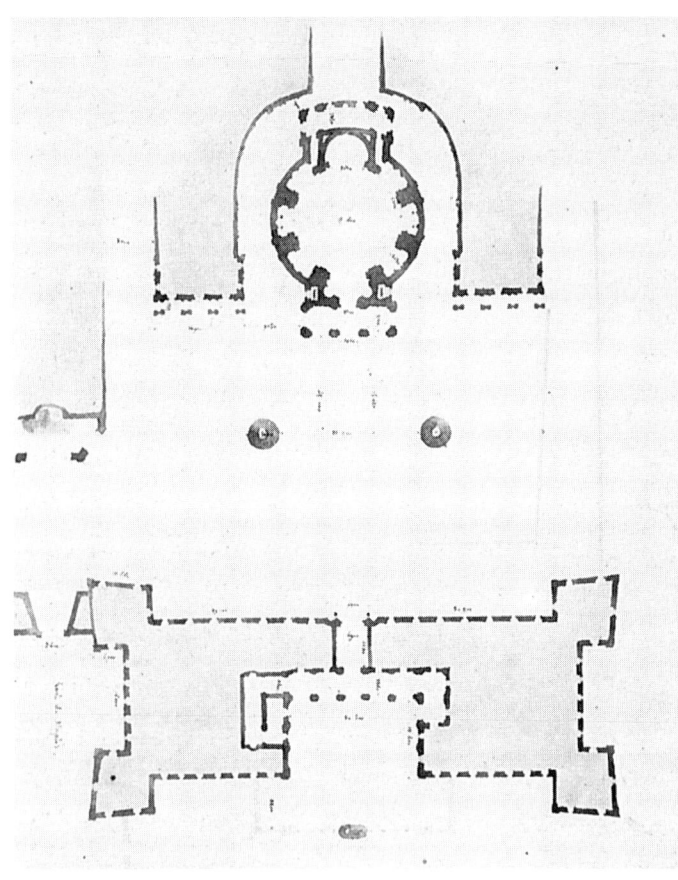

アリッチァの聖堂と宮殿[43]

この課題発表にあわせ提示されていた要綱に従って、ラブルーストは彩色で私的な空間と公共のための空間や宮殿、玄関柱廊、ギャラリーなどとを区別している。聖堂内部や宮殿内の階段なども公共空間に含めている。

Dessin Bibl. Nat. Est.

ポンペイの浴場[44]

ラブルーストはこの平面図に浴場施設の技術的機構まではっきりと描き込んでおり、温浴室（右手）、温水や冷水の循環経路、サーヴィスや維持管理のための諸室などもすべて含めている。

Dessin Bibl. Nat. Est.

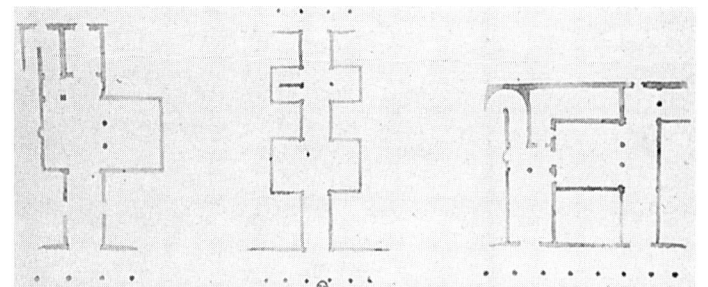

ボローニャの入口周りとポルティコ[45]

ラブルーストはイタリア国内をめぐる中で、古い建物は時代やその質の良し悪しの区別なく調べまわっている。図は同一縮尺でその平面計画のカテゴリィ毎にグループ分けされ、たとえばイタリアの住居の入口周りの空間構成といった具合である。J.-N.-L. デュランのやり方とは違って、ラブルーストはそれらの空間を忠実に写しとり、それらを図式化したりグリッドにのせてしまったりすることはしていない。開口部には建具を描き入れ、壁もありのままの輪郭を描いている。

Dessin Bibl. Nat. Est.

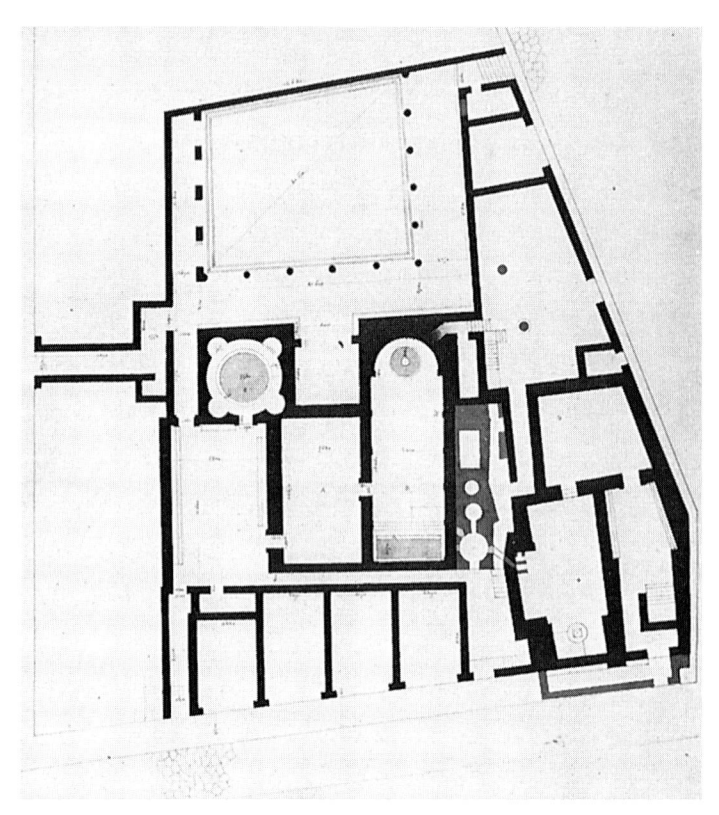

---

43. アリッチァ Ariccia はローマ東南方、アルバーノ Albano の街近傍の小都市で、ローマ時代から保養地として知られていた。中世以来サヴェッリ Savelli 家の領地であったが、17世紀には教皇アレクサンデル七世とその出身家系のキジ家 Chigi の所有となり、キジはジァンロレンツォ・ベルニーニを用いてサヴェッリの館（現在は Palazzo Chigi と呼ばれている）の改造と、広場を挟んで円形聖堂サンタ・マリーア・デッラッスンツィオーネ S. Maria dell'Assunzione を建設させた。
44. ポンペイには5箇所の公衆浴場があるが、ここに掲げられているのはフォルムの近傍にある Terme del Foro（BC. 80年頃の建設）で、比較的小規模の施設である。このブロックの右側や上方にも店舗群が取付いているのだが、それらは省略されている。右下の一郭は女性用浴場。
45. 中世のボローニャ市街には、建物前面に木造のアーケードを連ねる町並が数多くあった。現在はそれらのほとんどは姿を消しているが、ラブルーストのスケッチはそうしたものの一つと見られる。

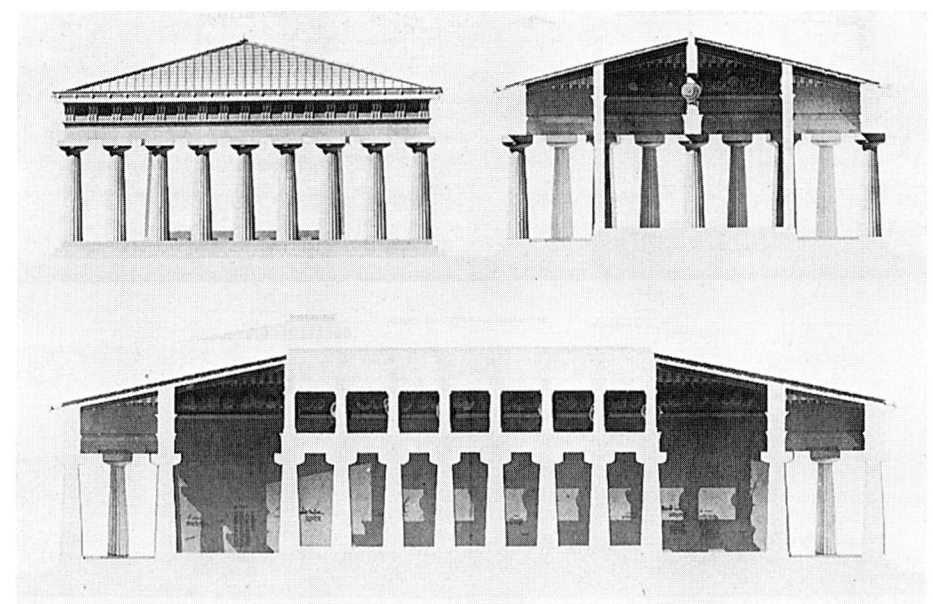

Temples de Paestum, op. cit. pl. 17 & 18 の銅版画

パエストゥムのポルティコ[46]のファサードと断面の復原図

《このモニュメントはあらゆる部分がすべて対称形である。これはどの面にも入口はなくすべての面が開いており、そしてその中央軸線は一列の円柱群で占められている。このような配置からして、これは古代の人々が公共的な事柄を論議するための場所であるようなポルティコの一つであると、私は結論づけるに至った……このような屋根の架かった建物を人々がたむろするのに用いるというのは、非常に快適であったろう。しかしまた、これは広い空間に少ない手間で屋根を架けるという必要から思いつかれたものとも思われ、なぜならこうしたポルティコで実用目的のモニュメントの建造には経済性が要求されたはずだからである。またこれは建物の屋根を支えるのには自然な手段であったという点も付記しておきたい。私がこの建物の両端の屋根を切妻ではなく寄棟屋根としたのは、切妻面〔破風〕では、私の見るところ、このモニュメントの性格にはふさわしくないと思われたからである……私の推測では小屋組の木材はエンコスティック〔蠟画法〕で彩色されていたと思われる。》

H. Labrouste, *Temples de Paestum, Restaurations des Monuments Antiques*, Paris 1877, p. 15.

パエストゥムのポルティコ内部

《ポルティコ入口の円柱の下の基壇で気づかされるのが、石のブロックを持ち上げるための突起がそのままとなっていることである。同様な現象はシチリアのセジェスタの神殿[47]でも見られるものである。これらの石が物語っているのは、モニュメントを必要上早く利用できるようにしたいとする命令があったが、建物のオープンまでに工事を終えることができずそのままとなっていたもので、復原図ではこれらは取り除いておくべきだったかも知れない。ポルティコ内部に私が施した装飾は根拠のないもので、これらの壁は崩れてしまっ

Temples de Paestum, op. cit. pl. 15 の銅版画

---

46. ラブルーストの 1828 年の *envoi*（パリ送付は 1829 年）はパエストゥムの建築の調査報告に充てられており、パエストゥムの旧市域全体の考察やこれまで見過ごされていた劇場遺構なども含む詳細なもので、C. M. Delagardette (1762-1805. *Les ruines de Paestum...*, 1799) により報告されていた不正確な記述に対する多くの批判を含んでいた。アカデミーはラブルーストの報告に対しては批判的であり、またその考証・復原はその後修正を余儀なくされた部分もあるが、パエストゥムの研究史上重要な著作であった。これは彼の死後に銅版図集として刊行され、ここに掲げられた図はそれから採られたものである。またこの件で明らかとなったアカデミーの旧弊な体質に対し若手が反発し、後にその改革運動につながることとなる。パエストゥムには三つのドーリス式神殿の遺構があるが、ラブルーストが「ポルティコ」と呼んでいるのは、「バジリカ」の名で知られており、最も古い神殿で（ラブルーストは逆にこれを三つの建物の中では最も新しいと考えた）、正面柱間が 8 間という古風な形式 Decastyle である。おそらく地母神ヘーラー Hera の神殿であったろうとされる。「バジリカ」の呼称は 18 世紀以来のもので、古式の平面構成からして神殿とは考えられなかったのであろう。ラブルーストがこれを神殿ではなく集会施設と想定したのも同じ理由からであろう。寄棟としたのは建物両角アーキトレーヴ内側に隅棟が取付いていたような痕跡があることによったと見られ、その後の研究によれば当初は寄棟が計画されていた可能性があるものの、アーキトレーヴの痕跡が対応していないところからすると、計画は放棄されたと見られるとも言われる。ともあれ彼のこの建物の復原考察を初めとするパエストゥムの建物群の調査報告は多くの異論を招き、批判されることとなった。

47. セジェスタ Segesta の神殿（BC. 5 世紀頃の建造とされる）はいろいろと謎の多い遺構で、周柱には溝彫りがなく、またラブルーストが言うごとく基壇のブロックには石材運搬のためにつくり出されたとみられる突起も遺されていて、未完だったのではないかと推測があるものの、結論は出ていないようである。南イタリアやシチリアのギリシア植民地のドーリス式は、ギリシア本土のものと柱配置の方式（特に建物両端部の柱間の取り方）が異なっているのが普通であるが、セジェスタのものだけはギリシア本土の方式に近い。

Temples de Paestum, op. cit. pl. 15

ネプチューン神殿ファサードの復原図〔左図〕

《この建物は全体にわたってスタッコが施されていたことが分かるが、完全に剥落してしまっており、その様子は多くの箇所で確認される……。古代のモニュメントでは後からスタッコが施されているケースが見出されるのであるが、それらは別段増築や修理が必要であったようには見えないのである。おそらく古代人は一定時期毎に行なわれた聖別儀式のために装飾を新しくすることを習いとしていたか、あるいは彼らの宗教がこうした慣習を定めていて、現代でも同じことが50年毎にやってくる聖年のためになされていて、ローマでは聖堂ファサードの塗り替えを怠ることはない……。ウィトルウィウスの教えるところでは、建造に用いられる木材には防腐剤ないしエンコスティックを塗布して湿気や幼虫を増殖する昆虫などを防いだという。そこで私も、神殿の入口もエンコスティックの塗装が施されていたと考え、タルクイーニアのある墓の入口に見られる装飾に倣ってみた……。その入口の敷居だけにかぎって言えば、それは完全な保存状態で、高さは0.836 mである。従って私の推測では、神官が儀式のため神殿内に入るときには入口の前に木製の階段を設けたと考えられ、そうした様子はポンペイの多くの壁画にも見られるものである。》* この復原はアカデミー・デ・ボザールのメンバーからは賛同を得られなかった。《ラブルースト氏がこの入口の装飾にあったはずと考えられた優

て全く痕跡が残っていない。ポルティコの最前列の円柱列中央軸線上のものの溝彫りは、本物らしく思われる。円柱群の溝彫り処置は途切れていて、ポルティコを入ってすぐの部分にある円柱では平滑なままとなっている。この例外的措置は、おそらく私が思うに、この場所には誰からも分かりやすい形で、その集まりの際の取り決めなどの銘文を記すためであったと見られる。》
H. Labrouste, *Temples de Paestum, Restaurations des Monuments Antiques*, Paris 1877, p. 14.

ネプチューン神殿[48]断面復原図〔下の図〕

《この図は、他のものも同様だが、その輪郭の正確さについては、それらが実際の建築遺跡のそれに完全に忠実であるか否か若干の疑問が残る。》
Académie Royale des Beaux-Arts, Rapports sur les ouvrages des architectes-pensionnaires, Paris 1834.

長手方向断面
Dessin. Bibl. Ec. des Beaux-Arts.

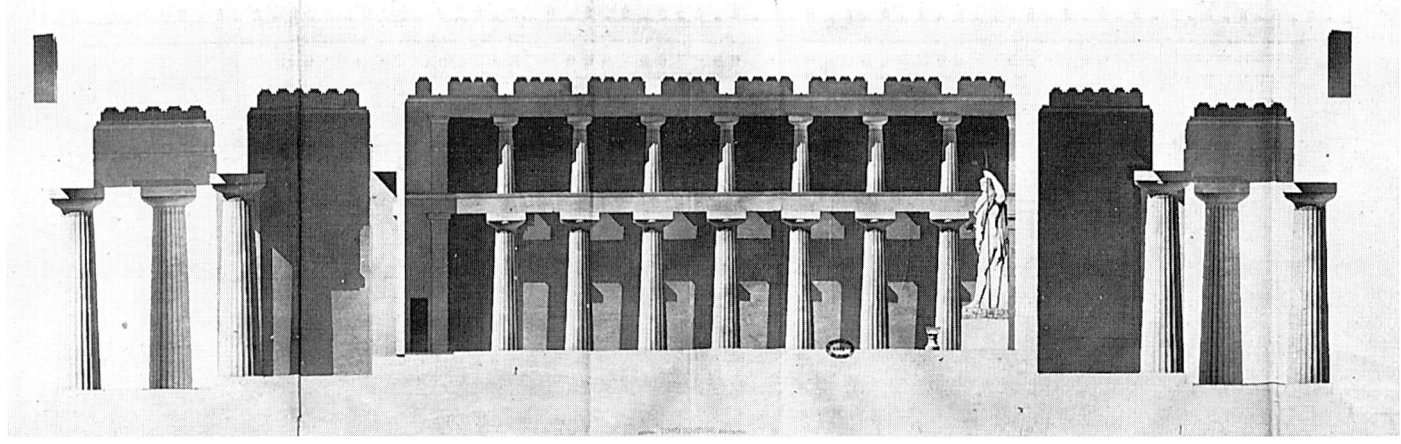

48. Temple of Neptune と称されるのは「バジリカ」の北隣に位置し、「ポセイドーンの神殿」Poseidonion とも呼ばれるが、実際にはヘーラーの神殿だったと言われる。スタンダードな Hexastyle（正面柱間が5間）の神殿で（BC. 5 世紀半ばの建設）、きわめて保存の良い遺構である。この復原は最も物議をかもしたもので、ケラ部分に屋根がない「ヒュパイトロス」形式 hypaethros (Vitruvius, III, 2-1) と考えられていたものを否定して屋根を復原し、Delagardette がケラ内部に復原していたギャラリーの存在を否定、ケラへの入口の敷居の高さから見て、ケラ内部へは通常は神官以外は立ち入ることが出来なかったと考えられること、各部はスタッコで被われ彩色が施されていたこと、同じく彩色の施されたテラコッタ製の飾りが取り付けられていたこと、それらをエトルリアの墓に見られるものと同様なスタイルのものとしたことなどが、ウィトルウィウスの記述を絶対視してそれに基づきこの建物を解釈して来たアカデミーの公式見解に背くものであるとして、メンバーから反発を買うこととなった。さらに、これをラブルースト一流の「機能主義的判断」から、この建物が三つの建物のうち最も初期のものであろうとし、「バジリカ」や「ケレスの神殿」と呼ばれているもの（現在ではアテーネーの神殿とされている）は、ギリシア本土の伝統とは異なる流派のもので、ギリシア文化が植民地に移入された後に変質した後世の作であろうとしたことであった（この年代推定は現在は否定されている）。

美さと繊細さは、我々から見るとこのモニュメントの飾り気のない性格とは必ずしもそぐわないものに思われる。》**

* H. Labrouste, *Temples de Paestum, Restaurations des Monuments Antiques*, Paris 1877, p. 6 & 10.
***Académie Royale des Beaux-Arts, Rapports sur les ouvrages des architectes-pensionnaires*, Paris 1834.
　　　　Dessin. Bibl. Ec. des Beaux-Arts.

ネプチューン神殿断面図

《ケラの内部は互いに上下に積み重ねられた二つのオーダーで飾られているが、この手法で特に注目されるのは、<u>二層目のオーダー基部の直径が下のオーダーをそのまま延長した大きさとなっていること</u>である。この特徴的な手法は、これまでポセイドニアの遺跡について発表されてきたものの中では一度も指摘されていなかったが、私の見るところこれは建築研究のうえで非常に興味深いものである。》
H. Labrouste, *Temples de Paestum,op.cit.*, p. 6.
現状横断面図
　　　　Dessin. Bibl. Ec. des Beaux-Arts.

ネプチューン神殿断面復原図

《私はこの復原を行なうに当たり、装飾の絵画と幾つかの文様などによってこの建築モニュメントに一種の豪華さを加えることを恐れなかった。ドーリス式オーダーは、私の考えでは、こうした豪華さを許容するものであり、そのことはパルテノンからも確かめられることであって、それには精緻な浮彫が更に金色仕上げのブロンズのアクセサリーで飾られていた……このオーダーは重要性の低い建物には決して用いられることはなく、ギリシア人たちはそうした神殿には他のオーダーを用いていたのである……。私はネプチューンの像を巨大なものにしてみた。オリュムピアのユピテルの像は、ストラボンによれば巨像であったという。私はネプチューンの右手にブロンズの球を持たせたが、これは Epotès[49] を表そうとしたものである。すなわちすべてを見渡し、地上すべてを見守るものの意である。》
H. Labrouste, *Temples de Paestum,op.cit.*, p. 10.
現状横断面図
　　　　Dessin. Bibl. Ec. des Beaux-Arts.

---

49. Epotès（原文の "Epoptès" を写し誤ったものと思われる）―おそらく Pausanias, *Description of Greece*, Book VIII, 30-1 で、メガロポリスの神殿のポセイドーン像について "Ποσειδῶνός εστιν Ἐπόπτov"(=Poseidon Overseer) と記しているのによったのであろう。この神像の復原はラブルーストの純然たる想像によるもので、根拠はない。ただしこの神殿には、ヘーラーの他にゼウスも祀られていたであろうとの推測もあり、こうした神像が存在した可能性もなくはない。

葬礼のための建築

　イタリアで作成された大量のドローイングの内、70葉が墓に充てられており、これらだけでも古代の墓廟建築の集成と言えるほどである。建築をトータルな形で理解し、それを完璧なドローイング技術で再現することで、そこから具体的な教訓を導き出したいという願望には、このように小規模でしかも時代によってその計画企図が変化することがないような対象が適していたのであろう。墓にはラブルーストの建築への情熱を掻き立てるような建築的要素も具わっている。簡素でありながら記念的性格を失うことはなく、紋章や銘文を伴う物語る建築なのであり、装飾の問題や洗練度、仕上げの完成度など、様々な技術の統合がそこにはある……。墓には、ラブルーストの作品の中では稀少な個人の依頼によるものを含む。それらには、モンパルナス墓地にあるブリュネやアルブーズ、ゾッラなどの墓[50]（それぞれ 1837, 1852, 1865年）、キュニィの墓（ラ・エ－オ－ローズ[51]―1857年）がある。この他三つの実現しなかった計画案もある。ナポレオンの墓（1841年）、建築家フェリクス・デュバンの墓（1871年）、クールミエール[52]の戦死者記念碑など。

　19世紀には葬礼の式典は大がかりな大衆的行事であり、その設営は建築家に委ねられていた。これは彼らにとっては、限られた経費の範囲内で、仮設でかつ仮想的なものではあるが、手放しの壮大さを実験する機会を与えられるものであった。1840年にはラブルーストは「ナポレオン一世の遺灰の帰還」の際の市中の飾り付けを作成したが、《その構成は英雄の性格を表現するもので、パリの民衆に多大な感銘を与えた》という。1848年にはデュクとともに「六月の動乱」[53]の犠牲者のための葬送式典装飾の指揮を命じられていた。

Dessin. Coll. Malcotte.

---

50. Albouse については p. 24 参照。François Brunet（建築家 1733-1818）の墓はペール－ラシェーズ墓地に現存。Bernard Zolla（建築家 1794-1864）の墓はシャロン－シュル－ソーヌ東墓地にあったが、1971年に取り壊された。
51. La Hay-aux-Roses *ou* Fontenay-aux-Roses（ラ・エ－レ－ローズ *or* フォントネ－オ－ローズ）はイール－ド－フランス、マルヌ県所在の地名。キュニィ Charles-Marie Magnin Cugny（1809-1857）はコレージュ・サント－バルブの生徒監督官であった人物。Fontenay-aux-Roses にはコレージュ・サント－バルブの分校 College Sainte-Barbe des Champs があり、これもラブルーストの設計であった。その後改造されたがエントランスのファサードは往時のままという。（これらについては、上記注50のものも含め、白鳥氏の御教示による。）
52. Coulemiers の会戦―1870年の普仏戦争の間、11月9日、フランス軍が勝利を収めた会戦。
53. 1848年の「二月革命」後の経済的混乱の中で、不平等に抗議する労働者たちの騒乱が起こり、4000人もの犠牲者を出した事件。この葬礼については Plouin, p. 75 で触れられている。

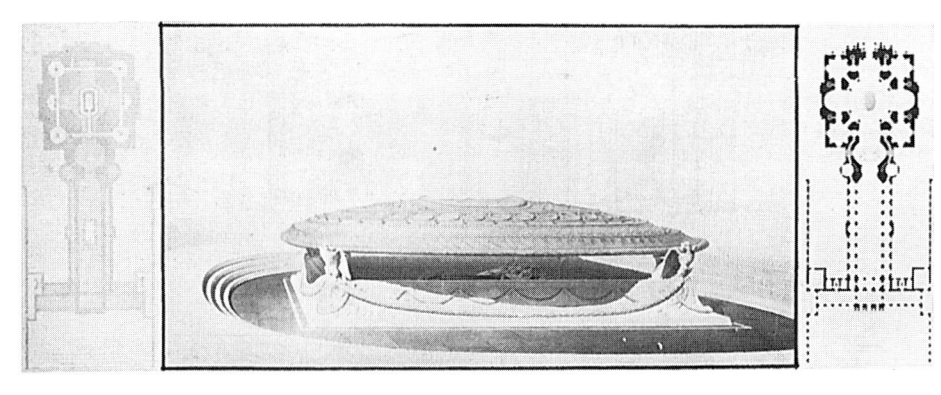

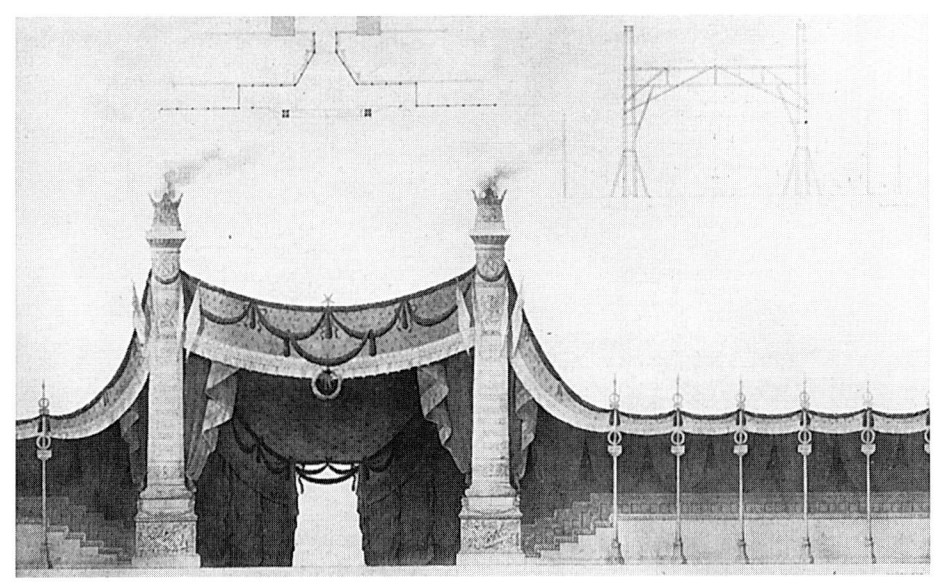

遺灰の帰還式典〔前頁及び上図〕

　1840年にルイ‐フィリップがナポレオン一世の遺灰を迎える式典開催を決定したときには、その式典の飾り付け準備にはあと5週間たらずしかなかった。ヴィスコンティがアンヴァリッド聖堂〔Saint-Louis des Invalides〕内部の設営を担当し、ラブルーストが柩をのせる船屋形を設計、それは《浮かぶ神殿と呼ばれたが、それがギリシア風の船の形であったため》で、霊柩車は《12体の彫像が取り付けられていてそれで数々の勝利を表し、それらが楯を担いでいるが、その上に偉大なる将軍の柩が載っていた。》その楯は、ラブルーストが数ヶ月後、最終の墓廟の計画案で、裏返して皇帝の柩を覆う形としたその楯と似ているものであった。アンヴァリッドの柵の前には木製の祭壇が設えられ、そこに霊柩車から柩が降ろされ、さらに人手によって聖堂内部に運ばれた。それは《巨大な天蓋で、黒い布に銀色の縁取りが施され、金色の蜜蜂の図が散らしてあり》、壮麗な装置の下に置かれていた。古代風の三脚壺からの青い煙が、三万人の観衆のために設えられた二列の桟敷の間を遮って立ちのぼっていた。

Dessin. Coll. Malcotte

ナポレオン一世の墓〔左図〕

　1840年、アンヴァリッドのドームの下にナポレオン一世の最終的な墓を造るためのコンクールが開催された。このコンクールの企画や要項が曖昧であることが、多くの批判の的となる。セザール・ダリはこれを非難し、《芸術家たちに無料奉仕を要求するものだ》と言い、要項が指定した場所の選定についても抗議していた。

　《アンリ・ラブルーストの作成した計画案は聖なる場所への崇敬の気持ちをこめたものではあるが、その細部に至るまで、いかなる宗教的シンボルもほとんどすべて排除されている。H. ラブルースト氏は埋葬という原則を守っているのである。彼が望んだのはナポレオンの遺骸が地下にあるようにすることであった。彼は神殿の床の中央に穴を穿ち、その中に柩を沈めるようにしたが、しかしそれが完全に見えなくなるまでにはしない。その柩はもとより見過ごされるために置かれているわけではない。地面はその上を覆っていないし、誰一人それに気づかずに通り過ぎることもなければ偉大なる人物が眠る場所を足で汚すこともない。穴の輪郭は四角で簡素な意匠の白大理石で縁取られている……その四隅ではやはり白大理石が巨大な楕円形のブロンズの楯を支えているように見える……その薄暗がりのなかに黒檀の柩の端を国旗が覆っている様子が見分けられる……幾つかの光の筋が揺らめきながら柩の輪郭を微かに浮き上がらせるが、あたかも厳かな眠りを妨げるのを恐れているかのようだ……この構成の根底にある思想は全く新しいものである。ここには古代にしろその他の時代にしろ、そうしたものとの相似は一切見出されない。それでいながらこの英雄の墓を前にすると、自ずとその追憶に浸ることとなるのだ。しかししばし検討して見た後では、このモニュメントがいかにも古代的な性格を具えていながら、しかも紛れもない独創的な現代の創作になるものであることを認めずにはいられない。銘文が現代のそれよりはパウサニアスの筆つきを想わせているだけなのである。それはまさに、建築でもなければ彫刻でもない。そのすべてであると同時に、夢想を誘う魅惑的な着想なのだ》*。

83点の応募作の公開展示終了後、ナポレオンの墓廟計画案の審査にあたった委員会は、内務大臣にそれを報告した。《M. バルタール氏とヴィスコンティ氏の共作、11票。デュバン氏、10票。ラブルースト氏、9票。ラスュス氏、8票。以下略。ラブルースト氏の計画は英雄の遺骸を巨大な楯で覆うというもので、よく練られておりまた傑出した技能によって設計されているが、実施不能である。巨大な金属製の球面は、それが覆う聖なる遺骸を守るにはあまりにも不釣り合いに見える。》

* César Daly, "Exposition des projets de Tombeau pour Napoléon", *Revue Générale de l'Architcture*, T. 2, 1841, p. 614.
　Dessin. 1841
　　　Musée du Louvre, Cab. des dessins.[54]

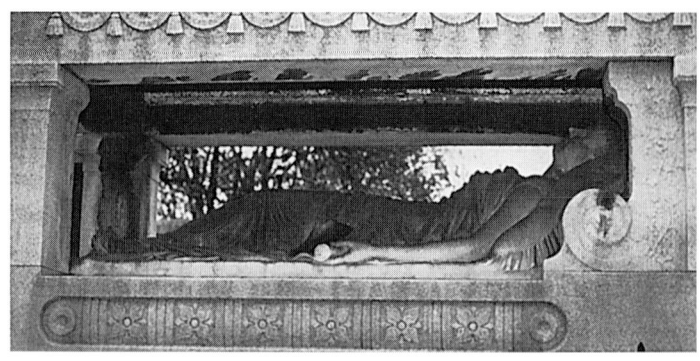

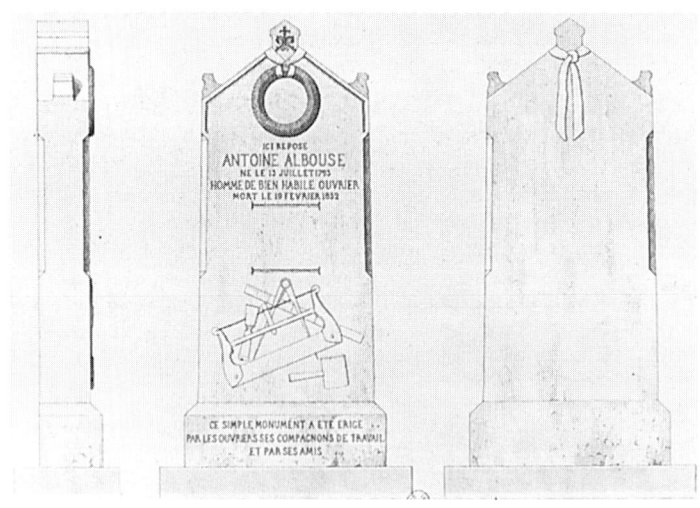

ルィーズ・トゥーレの墓
〔右上の図〕

　1872年にモンマルトル墓地に建てられたこの墓は、ヌイィにラブルーストが建てた戸建てのオテル[55]の持ち主の娘のためのものである。若くして死んだ娘は天蓋付きの石の寝台の上に横たわっているが、その装飾はまるで布地や金モール、あるいは飾り紐を想わせる。

　　　　　　　　　　撮影 Claude Malécot.

アントワーヌ・アルブーズの墓
〔右下の図〕

　ラブルーストは自分の設計が実際に建ち上がって行くのを見守ることを好んだ。しばしば通りすがりに現場を訪れている。工事が注意深く行なわれているかを気にかける彼は、職人たちと特別に親しい関係を保ち、細部の収まりなどについて彼らの知識を求めたのである。アントワーヌ・アルブーズ〔Antoine Albouse〕については、彼はサント・ジュヌヴィエーヴ図書館での建具職人であったが、ラブルーストは次のように書いている、《彼を用いた建築家たちは皆、彼から貴重な助言を得た。》またその死に際しては、《仕事仲間や職人仲間たち、また彼を知るものは皆、彼の墓に簡素な記念碑を建てることを望んだ。彼らは私にも参加を依頼してきた。その賛同申し込みは多数に上ったが、しかし拠出金額は僅かなものである。それは致し方のないところであった。そのリストには多くの芸術家たちや学士院会員も含まれてはいたが、仕事仲間の方がはるかに多かったのである。それぞれがみな自分に出来るかぎりのものを持ち寄り、私もなけなしの収入の中で出来るかぎりを尽くした。それのみか、この廉直の人物の記憶のためにオマージュを捧げるべく、諸君がその慎ましい墓を世に示すことに賛同なさったのであれば、私はその設計を引き受ける》* と言っている。このデザインは多くの手引き書や百科事典などにも採録され、葬礼建築の手本の一つに加えられるが、それらは19世紀初めにはもはや富める者や権力者たちだけのものではなくなっていた。モンパルナスの墓地の中でこの古代風記念碑の一片は、偉大な先例を恥ずかし気もなく縮小して見せたようなモニュメント群に囲まれている。《芝生と石碑、それがすべてだが、しかしその石碑には、芸術家ならばそこに大理石職人たちの伝統的な紋章を見出すことができるはずである。この職人の生涯を物語るものとして、そこには鋸やコンパス、木槌などが彫り出されており、それらの道具類を見るなら、いかなる美辞麗句よりもはるかに効果的に、仕事仲間の心に訴えることができたであろう。現代の我々には簡単なもののように映るが、1845年ころには、このごく自然な選択をあえて行なうことは不羈の精神を必要としたに違いないのであって、この時代では話し言葉の中でさえもってまわった言い回しがのさばり、当たり前の言葉を下品であるとして禁じていたのである》**

　この作品は元の場所に保存することは出来なかったが、移動して保管することが容易であったためどうにか保存されていた。最近になってパリ市は永代墓地を接収し、文化審議会の意見に従ってこの石碑は取り壊されてしまった。

* H. L. Lettre à César Dally, *Revue générale de l'Architecture,* T. XI, 1853, p. 43.
**J. Guadet, *Eléments et Théories de l'Architecture*, T. III, p. 172
Revue Générale de l'Achitecture, T. 11, 1853, p. 6. からの銅版画

---

54. この図は現在はルーヴルから Musée d'Orsay の方に移管されている（R.F. 4198. 100,7×150,5 cm の大きな図面）。ここに示されているのはその一部で、まだこれの上下に説明文や平面、立面などが小さく記されている。またこの図版からでは読み取り不能だが、透視図の背景にはアンヴァリッドの内部が克明に描かれている。
55. このオテル（Hôtel Thouret）は p. 73 に掲げられている。持ち主のトゥーレ Thouret は金細工業者で、ラブルーストの建築に関わっていたらしく、そこで関係が出来ていたものであろう。

ラペルーズの記念碑立面

　ローマ滞在の最終年にはフランス・アカデミーの給費生たちは、古典古代からどれだけ学び得たかを示すような計画案を作成しなければならなかった。計画案の題材選択は学生に任されていたので、ラブルーストはその計画案としてはラペルーズ[56]に捧げる記念碑とすることに決め、《有名な難船の残骸を目の当たりにし、その記憶を永久にとどめるためのモニュメント》とした。このテーマは話題性があり、それというのもその難船事故の遺品がフランスに戻ってきていたからである。この計画案を選んでいた経緯は、最終案に付された前文からも推察することができるが、しかしラブルーストは選んだこの計画を放棄する決断をしており、それは1830年の政治状況[57]の中では、前年のパエストゥムの envoi で惹き起こした論争を長引かせる危険を冒さないためであった。おそらくこの決断には父親からの懇切な助言が働いていたと見られ、それというのもラブルーストのこの記念イメージのなかには失権と反感ということが混じり込んでくるからであった。シャルル十世はこれらの遺品を海事博物館に展示するという特別布告を出しており、これは彼の文化政策の一環とするためであった。記念碑はシリア〔「リュキア」Lycia の誤り—編者〕の山中の岩から彫り出されたテルメッソスの墓[58]からヒントを得たものである。それを引用するという選択が、政治的理由に加え、純建築的な理由からもこの計画を放棄させることとなった。ギリシアのしかもプリミティヴなリュキア地方の様式で、ローマの古典的規範からはほど遠く、書物から引用したものであることもローマ滞在中の仕事とは認められないものであったし、神殿における採光にまつわる論争の問題もあった。おしまいに、石造の屋根では石窟の岩がそれを支えきれないということもある（持送り石方式は構造合理主義の戒めるところであった）。

　　　　　　　　　　　　　Dessin. Coll. Y. Labrouste.

ラペルーズの記念碑断面

　断面図では難船の遺品を中心に置いた空間構成が示されている。碇や大砲、帆綱などが最も目立つ場所に置かれ、通常あるような彫像はここでは縮小されてまるで付け足りのようである。ラブルーストはこうした物語る建

---

56. ラペルーズというのは、探検家で北米から太平洋東部を航海し、ソロモン諸島に向かう途中で難破し消息を絶った Jean-François de Galoup, comte de La Pérouse (1741-88) を指す。これらの図はいずれも Académie d'Architecture が保管。（上の立面図 282.1 は 64×98.4 cm、下の断面図 282.3 は 63.5 × 97.9 cm）
57. いわゆる「七月革命」でブルボン家最後の王シャルル十世が退位を迫られ、オルレアン公ルイ・フィリップ Louis Philippe d'Orléan が王位に就いた政変を指す。
58. テルメッソス Telmessus (Τελμησος) はアナトリア半島西南端の都市。この墓というのは、「アミュンタスの墓」Tomb of Amyntas と呼ばれている岩壁から彫り出された「イン・アンティス」式神殿で、プリミティヴなイオニア式柱頭をそなえる。

築を手掛ける際には、その対象を連想させるのを怠ることは決してなかった。神殿のフリーズなら楯を、市門には武具を取り付けていた。ナポレオン一世の墓の上には宝剣と黄金の王冠が置かれ、アウステルリッツの軍旗が懸けてあった。また、建築の品格を高めるための題材については、アカデミックな規範では付加的なものとされる手っ取り早く長保ちしないような飾りを用いることを拒否し、永久的な石で取り替えのきかないものの方を選んだ。

Dessin. Coll. Y. Labrouste.

コルネトのエトルリアの墓地

　1828年以来、コルネト[59]のエトルリアの遺跡では墓の発見が相次いでいた。考古学者たちはそれらの遺構に熱狂し、ヘルクラネウムやポムペイの遺跡群にも匹敵する重要なものと考えていた。ラブルーストはこの考古学的話題に誘われ、発掘が盛んに行なわれていてエルネスト・ヴィネ[60]が *Journal des Débats* 誌上で詳述していた場所を訪れている。《コルネトからほど遠からぬ荒野で、そこを一本の急流が横切りティレニア海に注いでいるが、その荒々しい両岸に架け渡された古い橋、バディアの橋の近くで、1828年から1829年にかけて数多くのエトルリアの墓が発掘された……奇跡的に遺っていた葬送の場である。》*

　ラブルーストは大量のスケッチと実測図を作成し、それらをもとに15葉のドローイングを作成した。直近の発見情報を伝えるという点ではパリの考古学者たちに先んじており、おそらくこれはアカデミー会員たちの例のパエストゥムの図に対する態度からも見てとれるような専門家たちへの対抗心から出たものと思われる。実現しなかったフェリクス・デュバンの墓の計画案でも、ラブルーストはエトルリアの墓室の各部を採り入れ、納骨室を絵で飾ったが、これは外からは見ることができないもので、それというのもそれを永久に埋めてしまうようにしていたのである。

* Ernest Vinet, *Journal des Débats* du 22 janvier 1860.

Dessin. 1829. Bibl. Nat. Est.

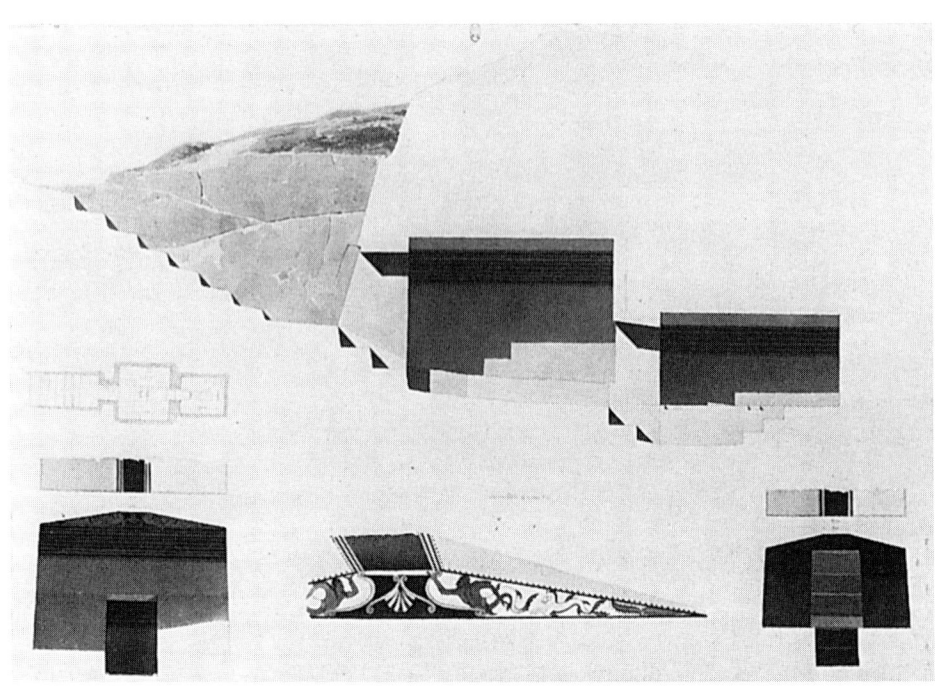

---

59. コルネト Corneto は現在のタルクィニア Tarquinia のこと。近傍の大規模なエトルリア期石窟墳墓群（「モンテロッツィの墓地 Necropoli di Monterozzi」があり、内部はすべて見事な壁画で飾られている）で有名。1827年以来、発掘調査が開始されていた。ラブルーストはその内部の彩色を忠実に再現している（下の図　Bibl. Nat. Est., VZ-1030 [9]-FOL, 26.3×41.8 cm）。

60. Ernest Vinet (1804-78) は考古学者・文献学者で、1862年以来エコール・デ・ボザールの図書館整備に携わり、その蔵書カタログを作成している (*Bibliographie méthodique et raisonée des Beaux-Arts*, Paris 1874)。*Journal des Débats politique et littéraire*（政治・文芸論叢）誌は1789年創刊、1944年まで続いた保守系の総合誌、ユゴーやベルリオーズなど当時を代表する論客たちが寄稿していた。

ローザンヌの州立精神病院 1836-1837年

州立精神病院のためのコンクールは、1803年に創設されたばかりの若いヴォー州〔Canton de Vaud〕の公共施設政策の一環として実施されたもので、州都ローザンヌの計画と抱き合わせて行なわれたものであった。このコンクールは全くの理論上の〔実現性を考慮しない〕もので、競技参加者に対して実在の敷地を明確に指示することなく、漠然とした地理的条件を二つ挙げてあるだけであった。実際のところ要綱は二つの別々の計画案を要求するもので、一つは傾斜地の場合、もう一つは平坦地に対するものとなっていた。このコンクールは建築モデルの創出を狙いとし、それは時代にふさわしい「範例」となるべきもので、19世紀の科学が目指す普遍的な解決策の提案という大いなる目標の一部として、専門家たちによる合理的な手法を提供し、より経済的にそれを再生産できるようにしようというのであった。ラブルーストはそのような要綱をゲームとして受け容れ、条件に縛られることなくその技能を行使できる唯一の機会であると捉えたのである。彼は後になってその〔要綱の〕欠陥を指摘することとなるのであるが、Bâtiments civils〔公共建築審議会〕で顧問に指名されその職務として《刑務所向けのプログラムとその模範例》についての報告書を作成した際、彼はそのような模範例を挙げることを拒否し、《なぜならいかなる場合においてもそれぞれの特殊の条件を考慮しなければならないからである》としていた[1]。

このコンクールのプログラムは19世紀における科学と精神病治療の状況を反映していた。すなわち隔離と隔絶であり、それは外部に対してのみならず、〔施設自体の〕各区域についても同様に適用されたのであり、それゆえ《おとなしい患者たちに対しては凶暴な叫び声が聞こえることのないようにするのみ》[2]であった。その区域は三つに分けられる。回復期の者たちの領域は、《そこから他の区域が見えることのないようでなければならない》。《おとなしい精神病患者》の領域には、《樹木が植えられベンチが設けられている広い中庭》をそなえ、最後に《凶暴性及び癲癇症の精神病者》の領域は《〔それぞれに〕中庭と屋内の遊歩場をそなえた二つの区域》に分割配置されるのである。

ラブルーストは準備段階では国外の海辺避病院の資料を収集していた。このタイプの計画についてはその隔離設置という点からすれば建築的には最も洗練された例があった（いわゆる避病院〔quarantaine〕）。建築家ヴァンヴィテッリによるアンコーナの五角形の避病院[61]やリヴォルノのサン・レオポルド[62]などは、ブリュィエールの《Etudes relatives à l'art des construction〔建築作例〕》(1822)[63]にもその図が掲載されていたようである。次ぎに彼は優れた精神病院の実践例を探訪している。イヴリィのエスキロル医師による精神病院[3][64]、ルアンのサンティヨン大修道院が運営する療養部門[4][65]、等々、果てはまだ一例しか実施されていない水浴療法にまで手を伸ばし、《公衆浴場と共同洗濯場》の計画一つ[5]もそのファイルに収め、更に水を汲み上げるサイフォンの仕組みまでも調べている…。

こうした参考資料収集は計画の内容に即したものであった。異なる各区域に課せられた分離原則とそれらの自立性を、平面配置を単純な付け足し方式により自ずから生成させることを可能にした。計画案は一種の巧みなコラージュであって、ラブルーストが過去の例から優れたものを選んで創りだしたものであり、機能的に優れたもの（エスキロルの療養所）、形態的な面で優れたもの（ヴィッラ・デステの庭園）、さらにそこに例の二つの判断基準（避病院と刑務所）を結びつけたのである。

コンクールは1836年3月に開始され、翌年の10月17日に審査が行なわれた。9点が優秀作として選ばれラブルーストが一等賞を獲得したが、しかし実施は敷地の選定にまでは至らず、州当局により無期限延期された…。

(1) René Plouin, *Henri. Labrouste, sa vie, son œuvre*, 未刊行[66], 1966, p. 96.
(2) J. Guadet, *Eléments et théories de l'architecture*[67], tome 2, p. 603.
(3) 建築家はユヴェ[68]。医師のエスキロルはかつてピネルのもとでサルペトリエール[69]のインターンを務め、1826年からシャラントンの療養所[70]の主任医師となり、そこでより自由な現代的心理療法実験のための私設診療所を造っていた。
(4) 建築家はグレゴワールとジュアンナン[71]。
(5) 建築家はジルベールとトレラ[72]。

---

61. Lazzaretto di Ancona. アンコーナの港湾内の人工島に造られた正五角形の構造物。避病院・精神病院・港を守るための要塞などの役割を兼ねた施設。1733年から43年までかけてヴァンヴィテッリ Luigi Vanvitelli (Lodewijk van Wittel, 1700-73) の設計により建設された。現在は博物館・各種催し場として利用されている。
62. Lazzaretto di S. Leopoldo, Livorno. リヴォルノ市南部の海岸沿いに1773年建設。その後 Accademia Navale の施設に取り込まれた。
63. Louis Bruyère (1758-1831) は1799以来 Ecole des Ponts et Chaussées 教授となり、多くの街路や橋梁の建設に関わる。1811年からはパリ市の計画主任となっている。その著 *Etudes* の刊行年代は1823年が正しいようである。
64. Jean-Étienne Esquirol (1772-1840) はフランスにおける近代的な精神病治療の草分けとされる。イヴリィ Ivry-sur-Seine の療養所は1828年にシャラントンの診療所を移して開設されたもの。
65. ルアンのサンティヨン大修道院の精神病院 l'Asile d'aliénés, Abbaye de Saint-Yon, Rouen は18世紀半ばに設立されたフランス国内でも最も早い施設のひとつであるが、1823年から30年にかけて新築されていた。
66. ラブルーストに関する初期のモノグラフ。パリ大学文学・人文学部に提出された学位論文。タイプ原稿のままとなっている。なお著者名は Renée Plouin で、論文題名は *Henry Labrouste, Sa vie, son Oeuvres (1801-1875)*, 1965 となっている。
67. Julien Gaudet (1834-1908) はボザールでのラブルーストの教え子であるが、ヴィオレ-ル-デュクのボザール教授就任に反対し、またシャルル・ガルニエのオペラ座建設に協力するなど、伝統的な Classicisme に固執していた。その著 *Elements et théories* は1901年に刊行が開始された4巻本。
68. ユヴェ Jean-Jacques Huvé (1783-1852).
69. Salpêtrière はセーヌ左岸13区にある総合病院。もと弾薬製造工場であったものを17世紀に救貧院・病院・精神病院・刑務所などを兼ねる施設に転用、ピネル Philippe Pinel (1745-1826) は精神病治療の先駆者とされ、1795年以来病院の改革に取り組んでいた。
70. Charenton は Val-de-Marne 県にある有名な精神病院。17世紀に王立の療養所として設立されていた。ジルベールがエスキロルの指導のもとに建設した建築（1833-42）は歴史的建造物に指定されている。
71. グレゴワール H.-Ch.-M. Grégoire (1791-1854) とジュアンナン Jouannin は、地元ブルゴーニュ地方で活動していた建築家。
72. この計画案はおそらく Charenton の病院にかかわるもの。設計者の一人に挙げられているトレラ E. Trélat (1821-1907) はヴィスコンティの下でルーヴルの改装に関わっていた建築家。政治家としても活躍し、また Ecole spéciale d'architecture の初代校長を務めている。

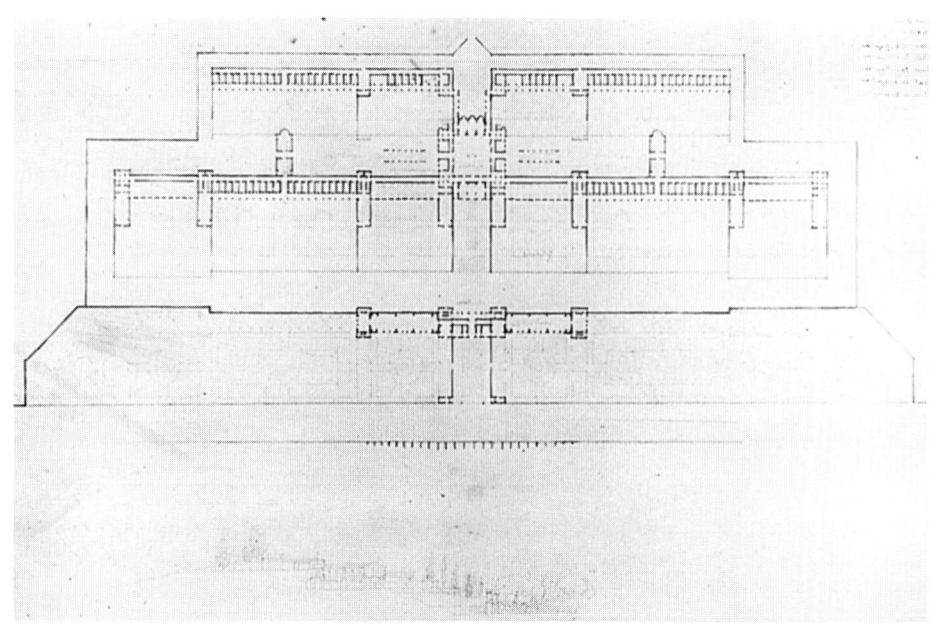

傾斜地のための計画

　この療養施設は傾斜地に建てられており、ジルベールによるシャラントンの精神病院（1830）と非常によく似ているが、それはマルヌ川に臨む斜面に造られたものであった。その類縁性は当時の人々にとっては明白で、簡略な作図表現で説明文も欠いているところから見ると、ラブルーストはこれを単に要綱に沿った場合の試作として作成したもので、コンクールに提出することは見合わせたものと見られる。

Dessin Bibl. Naz. Est.

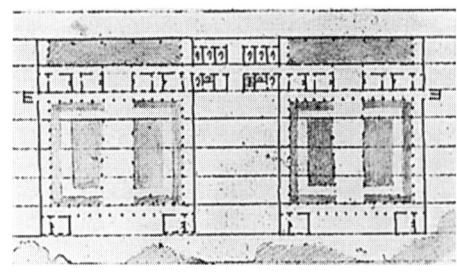

エスキロルの診療所

　《イヴリィのエスキロル氏の療養所の庭園にある男女両性の精神病患者のための区画、エスキロル氏の指導によりユヴェ氏が設計したもの》。ここはラブルーストが訪れていたものだが、J.-N.-L. デュランの *Recueil* 中の《「病院のための建築についての覚え書き」より引いた矯正可能な痴呆症患者の病院》（Pl. 29）を手本として作られたものであった。

Pierre Saddy, "Labrouste : un hospice d'aliénés", in *Archtecture Mouvement Continuité*, 38, 1976, p. 40

Carnet de croquis. Coll. Y. Labrouste.

第一案

Dessin. Bibl. Nat. Est.

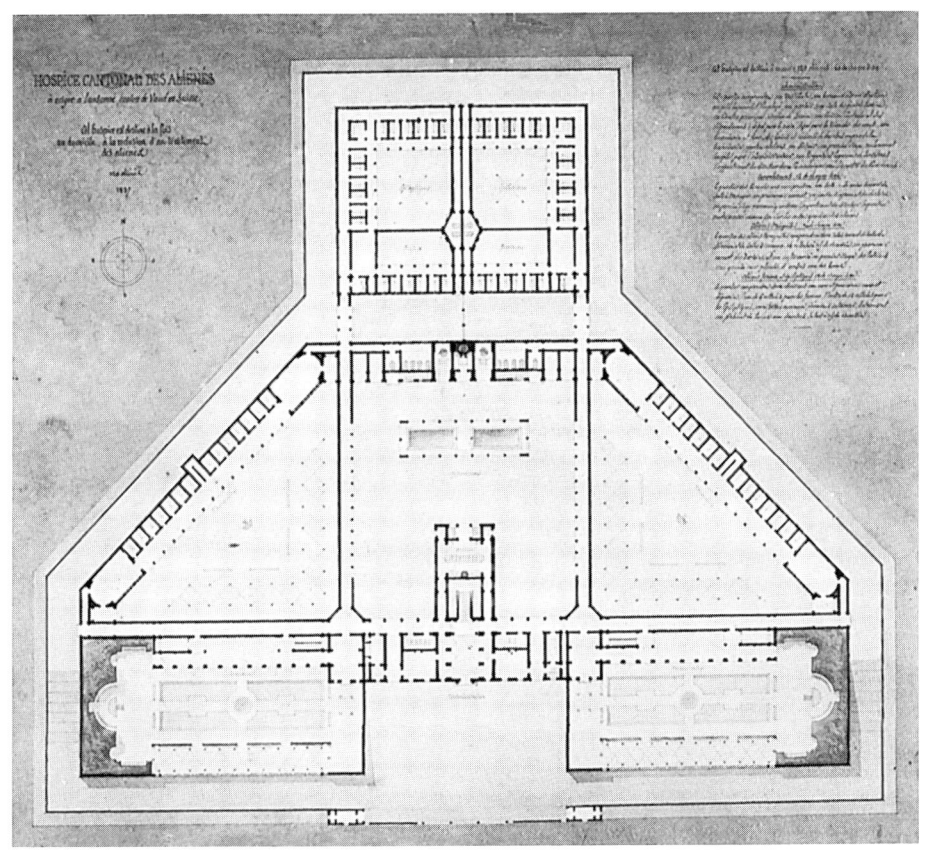

平面図

　図の上部は凶暴・癲癇症患者の区域で、直接エスキロル医師の診療所から着想を得ている。広い共用空間が中央部を占め、男女のおとなしい患者の二つの区画を隔てている。中庭の下方には水浴療法のための棟があるが、それを奥まったところに設けるという工夫によって凶暴患者から切り離すのに寄与している。軸線上には大きな洗濯場があって、これが建築的には衛生を表現する一種のモニュメントとなっている。入口の建物は奥まって配置され、また回復期患者のための二つの区域は半円形の植栽で活気づけられているが、ヴィッラ・デステの庭園のイメージに沿って配されている。それらの《ロン・ポワン〔ロータリー〕》は回遊や中央の出口への空間的方位を示す役割を果たし、回復期の患者を勇気づけるのである。

Dessin, Bibl. Nat. Est.

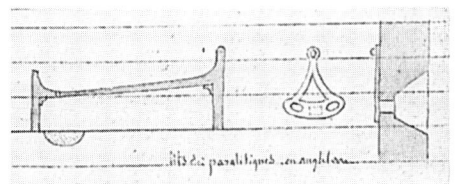

凶暴患者のためのベッドと監視穴

　この設計に当たっては英国での中風患者のベッドとして考案されたものを参考にしている。ただしその患者は凶暴患者と同様、ベッドに縛り付けて置かざるを得ない状態にあるものであった。《ベッドは木製で飼い葉桶のような形をしており、敷き藁は毎日取り替えられる。その底板は中央がトタン板張りで斜めに穴が開いており、その下には移動可能な盥がある》。

Dr. Payen, *Notice historique et statistique sur l'asile d'aliénés d'Orléans*. 1844.

Carnet de croquis. Coll. Y. Labrouste.

洗濯場

　一階には洗い場があり、上階はもの干し場となっている。

Dessin, Bibl. Nat. Est.

コンコルド橋
1836-1840年

　コンコルド橋は未完成であると考えられていた。石造の台座はペッロネ[73]によってデザインされていた鋳鉄製のピラミッドを上に載せることを予定して造られていたものだが、そのためには用いられることなく現在でもそのままとなっている。テオドール・ラブルーストは橋の装飾完成を託され、弟にその仕事の手助けを求めた。作業の進捗は公共建築部の委員会の揚げ足取りや逡巡に左右され、更にはこの管理維持責任者の技師との間の主導権をめぐる争いもあった。1836年から40年までの間に10件にも及ぶ別々の案が、30個の街灯を置くためだけに作成された。

コンコルド橋の照明灯

《1840年2月1日土曜日、H. ラブルースト氏の計画になるコンコルド橋の装飾のための照明灯石膏模型取り付け作業が開始された……そこにはもはや照明支柱につきものであった柱頭は見ることができない》*。セザール・ダリが当てつけているのは、イットルフがデザインしたシャンゼリゼやコンコルド広場の照明灯のコンポジット式柱頭のことである……。それはストリート・ファニチュアとしては最新式のものであり、ラブルーストはスケッチ帳で固定法やガス供給のための導管の方式などを検討している。照明支柱を石の欄干に固定するのには、ラブルーストは耳のような形をした留め具で側面を中央の導管とは切り離し、可動で取り外しできるように考案した。鋳物の28本の照明支柱は1840年の年末まで据え付けられていた（その後〔1930-32年の橋の拡張工事により〕取り外し）。

* *R.G.A. Tome I, 1840, p. 122 et Tome 2, 1841, p. 378.*
図版は *Revue Générale de l'Architecture, 1841, T. 2, p. 16.*

---

73. Jean-Rudolph Perronet（原著は Perronnet としているが、一般には Perronet とされているようである。1708-94）. 土木技師として街路の新設やパリ市街の地図の作成に携わり土木学校 Ecole des Ponts et Chaussées を創設。多くの橋梁の設計を手がける。コンコルド橋は 1787-91 年に建造。

透視図

　1840年、凱旋門とコンコルド橋はナポレオン一世の遺灰移送の際、葬礼行列順路の中で特別な飾り付けの舞台となった。これに向けてブルーエは、凱旋門の上に新たに石膏彩色で古代風の四頭立ての馬車を載せることを試みている。同様にラブルーストもこの機会を利用して《本格的でありながら一時的な催しのための設営も可能な装飾で……橋の入口の際は凱旋を表す二本の円柱で明示し、それらによって二列の彫像群を受け止め、全体の性格を力強く強調するような試案》* を作成する。実物大に造られたこの模型のうち、実現したのは28本の鋳物の照明支柱だけで、それらについては儀式の数ヶ月前にすでに石膏模型で具体化していたものであった。

* *Cérémonie de la Translation des cendres de Napoléon I*^{er}. *R.G.A.* Tome 2, 1841, p. 46. Dessin. Arch. Nat.
〔VA/LVI piece 11, 43,9×58,5 cm〕

アーチの装飾

　《我々の提案する装飾は鋳鉄製で金色仕上げとし、石を削ることなく貼り付けるだけのものである》。このように化粧貼りの石の上に貼り付ける装飾を選んだのは、《建築家がそれに変更を加えて、この橋を守っているところの橋梁技師の役割を侵すことがないように既存の構造を》注意深く尊重する必要に応えようとしたものであった。このような考え方は、ラブルーストの教え子エミール・ヴァンデンベルグ[74]によるリールのオテル・コスティオーのファサードでも採用されていた*。1836年11月22日の公共建築審議会は鋳物の装飾を経済的な理由から拒否し、新たにより安価な計画を要求した。

* Jacqueline Grislain, *Emile Vandenbergh, Archives de l'Archiecture Moderne*, n° 9, décembre 1976.

Dessin. 1836. Arch. Nat.

---

74. Emile Vandenbergh (1827-1909). ボザールでラブルーストの許で学び、主としてリールで活動する。Hôtel Costiaux (1886) は彼の代表作のひとつとされる。

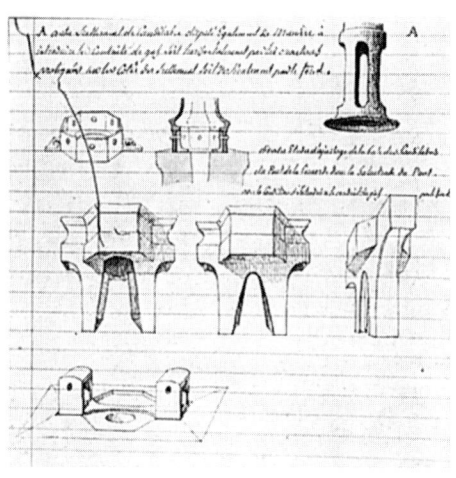

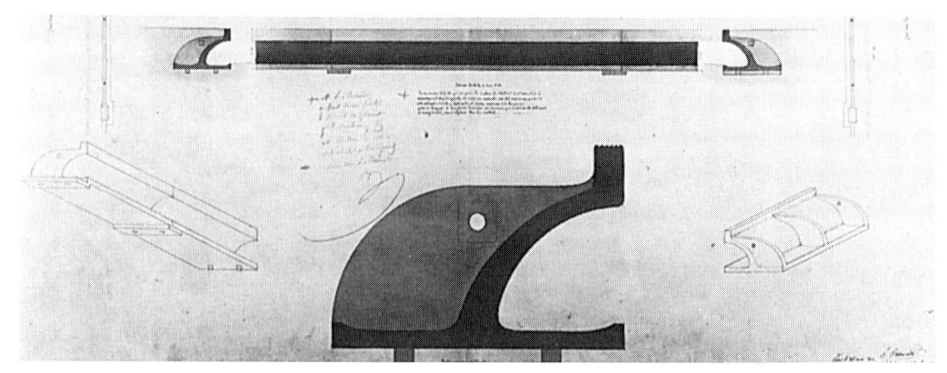

照明支柱の沓金物

《照明支柱をコンコルド橋の欄干に固定する方法と下からガス管を入れる方法各種のスタディ》。

Carnet de notes. Coll Y. Labrouste.

側溝の覆い

橋の設備の中には歩道の縁石を鋳物で造ることも含まれており、側溝を覆うためのもののスタディのひとつは、ラブルーストがかつてラシーヌ街の排水溝で観察したものをモデルにしている。

Dessin. 1840. Arch. Nat.

脇柱付きの照明塔

Dessin. 1840. Arch. Nat.

照明塔の計画案

二本の照明柱の間に香炉のようなものがあり、これは「遺灰帰還式」のときに設置されていたものを想わせる。

Dessin. 1836. Arch. Nat.

照明塔の計画案

《12個の同じ形をしたブロンズ製の照明塔が御影石の台座の上に立ち上げられ、12個の橋脚の真上にそれぞれ4個のガス灯をつけている》。

Dessin. 1836. Arch. Nat.

アレッサンドリアの刑務所
1839-1840年

　1839年5月、ピエモンテ-サルデーニャ国王カルロ・アルベルトは、首都トリノ近傍のアレッサンドリアに建設すべき中央刑務所計画のコンクールを公布する。それは《この新しい施設の中に、刑務の理論研究者たちが提案している改良案や各文明国の刑務所においてなされている改革のすべてを実現しようとするもの》であった[1]。コンクールには国外の建築家たちの参加が認められていた。審査にかけられた計画案は27件にのぼったが、1840年一月に一等賞を獲得したのはラブルーストであった。

　要綱を受け取るや否や、ラブルーストは系統だった資料収集を開始する。調査旅行、図書館での作業、優れた専門家に助言を求める、等々。そしてシャルル・ルーカス[75]にも助言を仰ぐが[3]、この人物は刑務所の監察長官で労役刑の方式についての多くの理論書の著者であって、彼の成功の知らせが最初に伝達されることとなる人であった。その情報というのは《詳細なメモで平面図や幾つかの部分の詳細図、またフランスやイタリア、スイス、アメリカなどの刑務所の問題に関してそれまでにものした様々な論文の要旨であった》[2]。コンクールの目的は単にそれらを建築形態として提案するだけではなく、労役刑のシステムの選択ということも含んでいた。要綱の場合と同様、その目標を定めるに当たってもラブルーストはシャルル・ルーカスの考え方を採用しており、彼は収監者を二つの異なるクラスに分けることを強く推奨していたのであった。すなわち大多数のものは《日中は集まって共同の作業場で過ごし夜間は独房に別々に収容する》が、他の者たち（約4%）は《昼夜とも独房に置かれそこで単独で働かせる》[4]というのであり、これは死刑に代わるべき刑罰であって、ルーカスは死刑には激しく抵抗していたのであった。こうして計画内容の質が現実性を帯び、それが彼自身の建築的企図と結びつくことによって審査員たちの好感を呼び、ラブルーストは《芸術性との関連のみならず刑務所の理論的側面においても同様な瞠目すべき優れた作品》[5]として称賛されることとなるのであって、この計画は実施には至らなかったが、理論の実証という点では大きな成果をもたらし、作者に対して無数の助言依頼が寄せられた。このコンクールの結果発表はラブルーストを刑務所の専門家として祀り上げることとなる。オーストリアやデンマークの政府は協力を要請してきたし、公共建築部もその助言を求めてきており、彼は1854年にその審議委員に指名され、刑務所の《類例》についての報告書作成[6]とフランス各県の10箇所に及ぶ刑務所や拘置所の監察を依頼された。

(1) *Revue générale de l'Architecture*, 1840, tome 1, p. 123.
(2) アンリ・ラブルーストのブロッホドルフ男爵宛て書簡（1840年2月22日付け）。このデンマーク大使への書簡の中で、そのメモを清書しデンマーク人の教え子の建築家へベロングに翻訳させることを提案していた[76]。
(3) 〔本文中にはこの注に対応する箇所の指示が見当らないが、編者が仮に付した箇所につけるべきものを失念したのであろう—編者〕《私の立場と致しましては、すべての文明国家においてかくも高い評価を得ておられる閣下のお考えを祖述する以外のことはできなかったのであります》。アンリ・ラブルーストのシャルル・ルーカス宛て書簡。1840年1月6日付け。
(4) アンリ・ラブルースト、「アレッサンドリアの刑務所」、説明文（Coll. Malcotte）。
(5) 内務省書簡、トリノ、1840年1月25日付け。
(6) 彼はカリスティ[77]、グールリエ[78]と共同で報告書を作成した。公共建築部の審議会議事録、1854年2月6日。

パノプティコンのスケッチ

　描法から判断すると、このスケッチはおそらくラブルーストの手になるものではないと見られる。しかしこれを自分のカルトンの中に保存していたことは、パノプティコンの監視方式に対する姿勢を考える上で意味深長であり、それがここでは戯画化されて巨大な天文台のように表されている。天文台に取り付く付属屋を別とすれば、この図はアルー-ロメン（子）による1840年の《円形刑務所計画案》[79]から直接的に着想を得たものである。

Bruno Foucart, "Architecture carcérale et architectes fonctionnaliste en France au XIXe siècle", in *Revues de l'Art*. N° 32, 1976, fig. 38.

Dessin. Bibl. Nat. Est.

---

75. Charles Lucas (1803-98). リベラルな思想の法律家として1830-65年にわたり、刑務所監察長官の地位にあった。
76. Hebelongというのはおそらくネーベロング Niels Sigfred Nebelong (1806-71) の誤り（白鳥氏による）。
77. Caristie — Auguste Nicolas Caristie (1783-1862) のことか。ヴォードワイエとペルシェの弟子で1813年にGrand Prixを獲得している。主として歴史的建造物の保存修復（オランジュの凱旋門など）に従事。
78. Gourlier — Pierre-Charles Gourlier (1786-1857) のことか。Bâtiments Civil で秘書官 Secrétaire rapporteur du Conseil を務めた。
79. Harou-Romain fils (1796-1866). ポリテクニクの出身で、父Jean-Baptiste Philippe, dit Romain (1761-1822) と共にカルヴァドス地方の建築家として活動。1850年にはアルジェの建築家に指名されている。*Projet de pénitencier circularire par Harou-Romain*, Caen, 1840

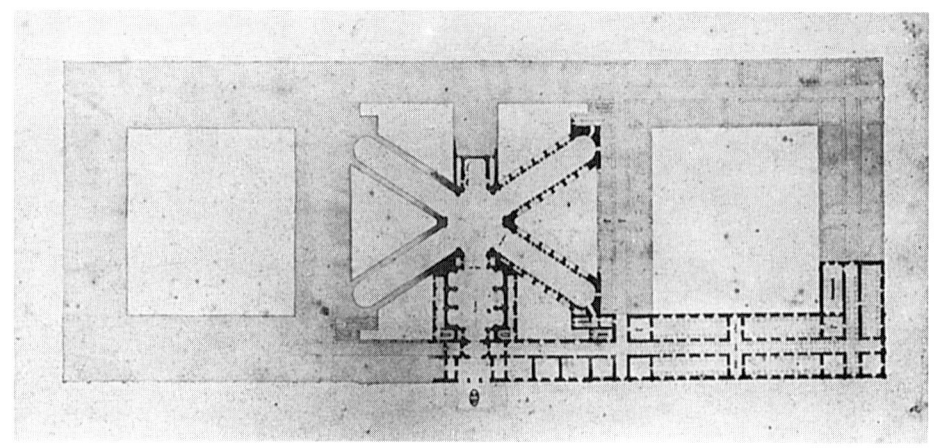

ナポリの貧民収容所[80]

L'Albergo dei Poveri — すなわち貧民収容所 — はカトルメール・ド・カンシィの記すところによれば、巨大な慈善施設であって《8千人の性別・年齢を問わない貧民のための宿泊施設である。四つの施設を一箇所にまとめるという形で構想されており、すなわち男性のためのもの、女性のためのもの、女児のためのもの、男児のためのものを、それら四つの部分が互いに接触することがないようになっている》。ラブルーストの図では、建築家のフェルディナンド・フーガ（1699-1781）による十字形部分を別個に切り離し拡張した形で描き出すことに、設計の重点が置かれている。一方、中央のドームはミサなどの儀式に用いられるのに加え、特別に工夫された頂塔により効果的に換気が可能である。この図はイタリアの図例の中におおざっぱに収められていたものだが、計画のための準備資料として作成されたようで、おそらく銅版画から写しとったものであろう。これはラブルーストの資料収集への配慮の仕方を窺わせるものとして重要なものである。それは空間的な分離という問題の解決法を見出そうとしたもので、それはシャルル・ルーカスのアイデアをそこに応用しようとしたものであった。

Dessin. Bibl. Nat. Est.

アレッサンドリアの刑務所
中央の棟の断面図

Dessin. Coll. Malcotte

---

80. L'Albergo dei Poveri はナポリ旧市街東部にあって、Ferdinado Fuga (1699-1782) が 1749 年から開始したものだが、その後計画は大幅に縮小されて実施された。19 世紀以後様々な用途に転用されている。

全体配置図、ファサードと断面図

師のイッポリト・ルバの作品であるプティト・ロケット[81]の刑務所と同様、ラブルーストは作業場を星形に配された腕に振り分けており、中央は大きな共用空間の礼拝堂ないし円形劇場としている（左側平面図）。イメージとしては〔ナポリの〕貧民収容所を想わせるものがあるが、隔離〔監房〕は一つの階を独立させて造られており、その階というのは礼拝堂の周りに同心円状に設けられた連絡廊下の下に円環のように設けられていた（右側平面図）。この隔離された独房群へはただ一個の塔状の階段室からその廊下にアクセスすることができるだけで、独房群とは向かい合わせに共用浴室がある。480室の独房群の方は、廊下付きの長い棟にまとめられていて、廊下はかつてのサン・ベルナルディーノ修道院があった場所を占める管理棟と結ばれている。

Dessin. Coll. Malcotte

断面・透視図

20個の独房で《完全に昼夜とも隔離されている》ものは、それぞれに内庭と衛生設備をそなえ、円形周回廊下の下にある設備階の上に分散配置されている。

Dessin. Coll. Malcotte

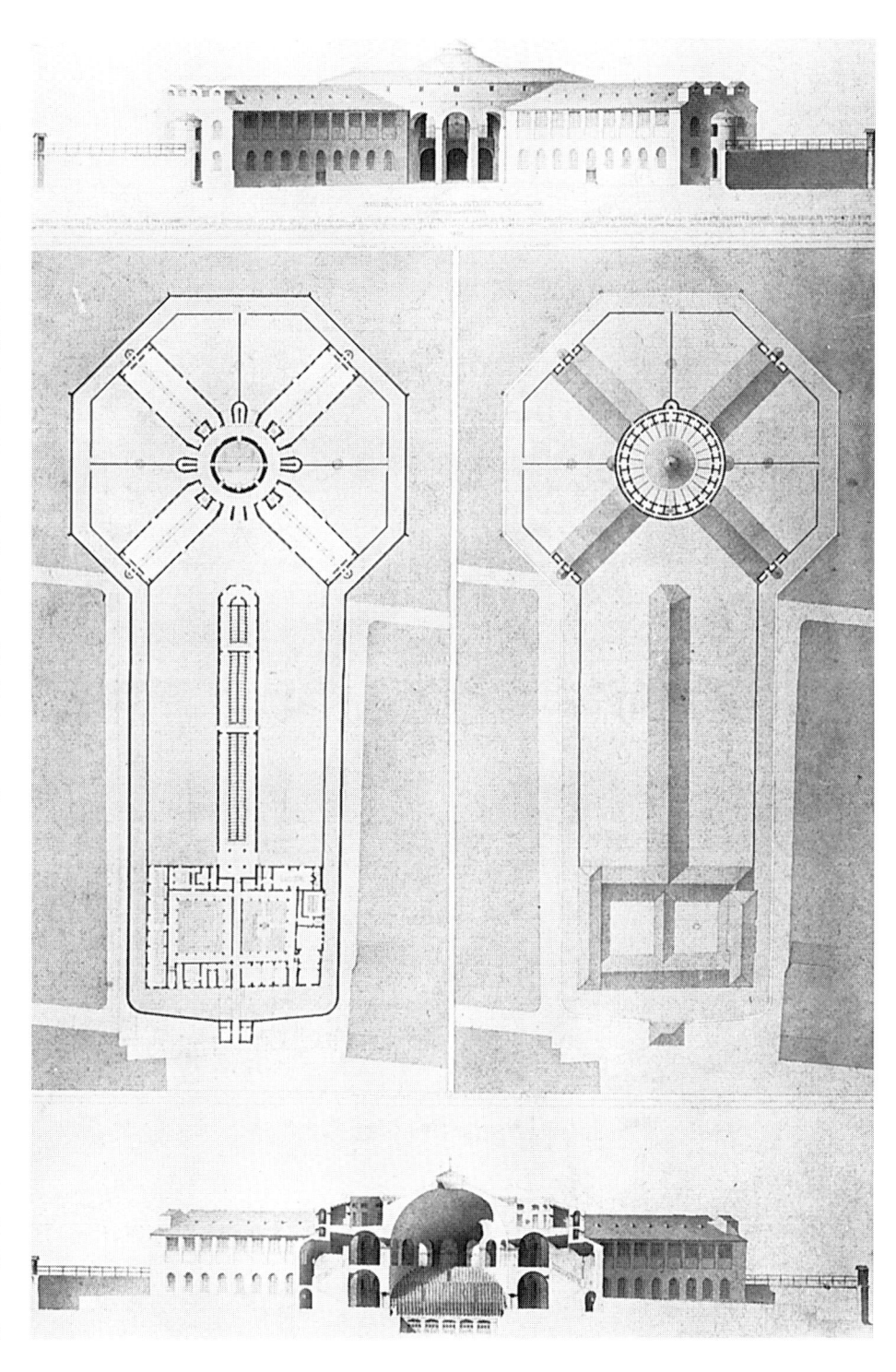

81. Prison de la Petite Roquette. パリ第11区にあり、1830年に開設された。La Roquette の名は革命前にここにあった修道院 couvent des Hospitalières de la Roquette に由来する。未成年と女性の監獄として計画された。

独房棟

立面図（部分）と横断面図。

Dessin, Coll. Malcotte

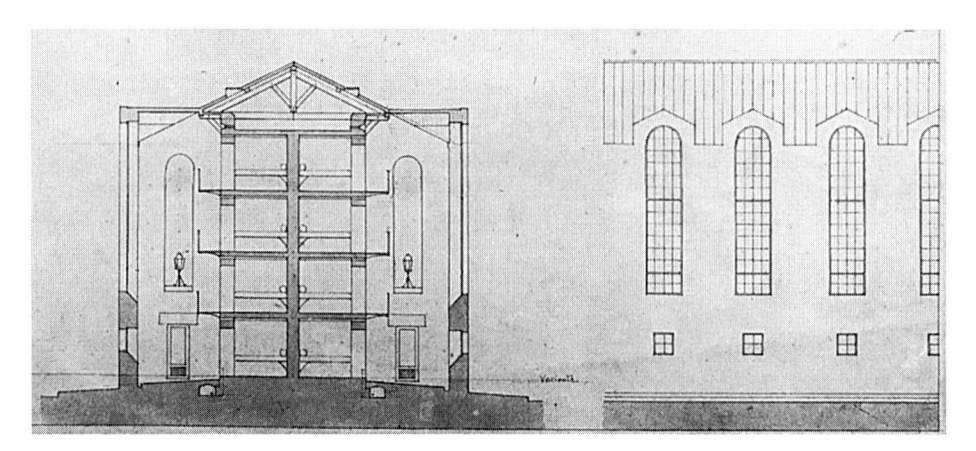

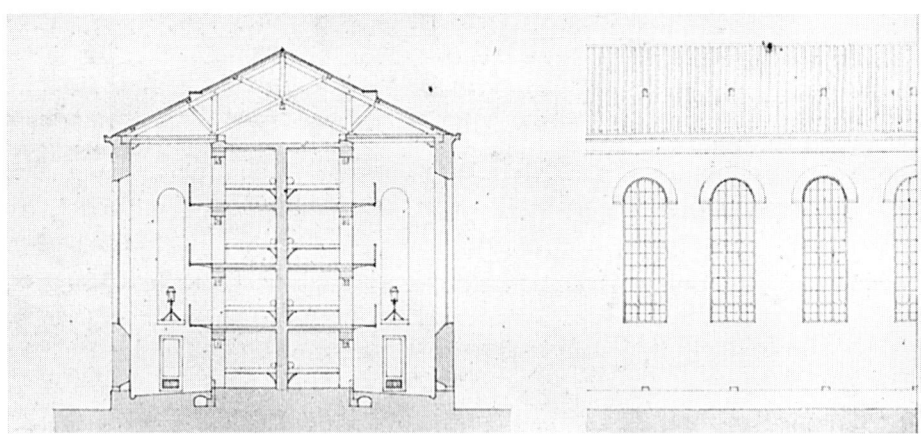

作業棟

横断面と二案の妻側立面図

Dessin, Coll. Malcotte

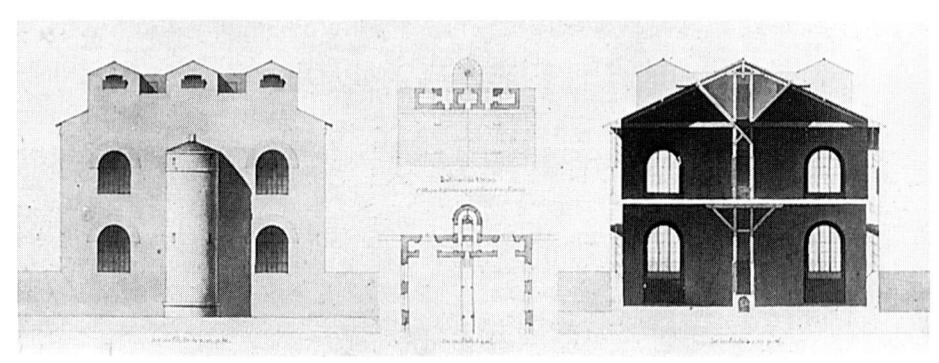

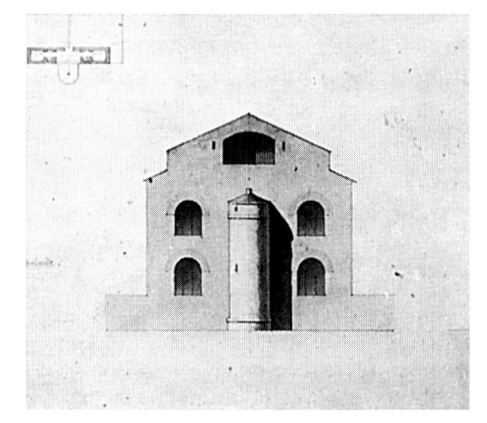

サント－ジュヌヴィエーヴ図書館
1838-1850 年

　1838 年 6 月 18 日、アンリ・ラブルーストは公共建築審議会〔Bâtiments Civils〕所属の肩書きのもとに、由緒あるサント－ジュヌヴィエーヴ図書館〔Bibliothèque Sainte-Geneviève〕の建築家に指名された。この修道院図書館は特別な地位にあった。国有でありながらパリ市立のリセ・ナポレオン（現リセ・アンリ四世）の中に取り込まれていた。それは建物上階を占めていていまにも崩れそうな状態にあり、他方一階は学生たちの寄宿舎となっていたが、これも同様に床が老朽化していて環境整備の工事は困難となっていた。貴族階級の僅かな閲覧者たちのための大きな広間として造られていたものだが、この富裕な修道院図書館は大学図書館の多数の利用者のためには全く不向きであった。また増築の可能性も封じられていた。この降って湧いた幸運は、ラブルースト自身にとっても、妥協のない現代的な建物を造るという彼が永く夢見ていた機会でもあった。

　公共建築審議会の長が公共事業担当大臣〔secrétaire d'Etat au Département des Travaux publics〕に提出した報告（1840 年 1 月 16 日付け）では、その起草者がアンリ・ラブルーストであったことはほとんど疑いないが、《その床に認められるところの日々増大しつつある危険性》について注意が喚起されており、そして《学生たちの安全が深刻な危機に曝されている》ことを指摘している。この方針は間もなく認められ、ラブルーストは新しい図書館の建設に取りかかるが、敷地はかつてコレージュ・モンテギュ[82]が占めていた跡地でそこ〔もとの修道院図書館〕からほど遠からぬ場所であった。

　レオン・ド・ラボルド侯爵は、そのプログラムを明確に把握し、時代にふさわしい新たなものと認めていた。《サント－ジュヌヴィエーヴ図書館は特別なものであった。それは図書館というよりはむしろ小読書室なのだが、いまや学生たちは僅かばかりの書籍を入手するのを嫌って、600 人もの連中が課業の予習のためにやってくる。朝夕会議を開いて議論されているのは王立図書館への書籍購入の件ばかりだが、ここで明らかとなっているのは閲覧者たちの処遇の問題の方である。この 600 人の勉強家たちの居場所を他所に見付けてやらなければならないのだ。ラブルースト氏はまず彼らのために大広間を造った。次には 120,000 冊のための充分なスペースを確保するべく、広間や一階の壁面をそのために充て、それによって 300,000 冊を楽々と収納できるのである》[(1)]。

　ラブルーストがこの計画で重点を置いたのは、近代の図書館の要請にできるだけ応えようとすることであって、それらは大多数の理論書や百科事典などでかくあるべしとして取り上げられていたものであった。同様にレオンス・レイノーはその著 Traité d'Architecture の中で、《図書館の構成》について次のように記している、《形はできるだけ単純にするというのが、すなわち四角が、概して最上であり、サーヴィス部門間の様々な連携や構造の経済性、建物の性格などの諸点からもそうである……構造体はあらゆる部分が独立しているべきで、どの箇所から火災が発生した場合でも類焼を防ぐことが容易であり、書籍にそれが及ぶことのないようであるべきである。ということはヴォールトや床は石造ないし鉄製でなければならないということだ……建物の中に図書館従業員たちのために充てられる居住部分を設けることはできるだけ避けるのが上策であり、なぜならそうした宿舎などは火災の危険を増すからである……図書館の主要な各室は一階から高く持ち上げる方が有利で、充分な光を提供することができまた湿気から防ぐこともできる……》[(2)]。

　1839 年から 1842 年までの間、ラブルーストは公共建築審議会に無数の案を提出しており、最終案が承認されたのは 1842 年 9 月 21 日であった。1843 年 8 月 5 日には最初の鍬入れ式があり、1844 年 8 月 2 日には定礎が行なわれ、基礎と地下室の工事が完了する。工事は 7 年間にわたり続いた。ラブルーストは毎日のように現場を訪れ、日々の工事進捗状況を入念に手帳に書き留めていた[(3)]。それらの資料で現在伝わっている図面などの厖大な作業記録は、その大多数がラブルーストの手になる作図であるが、全体のうちのごく一部にすぎない。それらはセザール・ダリへの書簡で語っている如く、彼自身の手で廃棄してしまっていた。《工事が終わるや否や、私は大いなる満足感と共に、カルトン一杯になっていた大量の不要書類や書簡、見積書、作業メモ、習作、デッサン、詳細図、等々を、まるで工事終了後に残土を処分するかのごとくに、燃やしました》[(4)]。

　1926 年以来、サント－ジュヌヴィエーヴ図書館は歴史

---

82. Collège Montaigu. 14 世紀に創設されていた貧民の子弟を教育する学校であったが、1763 年に廃止される。この名称は現在はパリ大学芸術学部に受け継がれている

的建造物のリストに登録されている。この登録は追加的変更を妨げることにはならず、大広間の当初の構成は変更されている。しかし最も議論を呼んだ工事は、ウルリヒ・ゲリング[83]の記念碑の撤去で、これはラブルーストの最後の仕事であったが、現在は近代美術館の地下に左遷されている。その移設に際しては公共建築・国有宮殿審議会〔Bâtiments civils et Palais Nationaux〕の主任建築家アンリ・ルコント[84]が1960年にヴィクトール・ルイのボルドー劇場の大階段のそれを真似たペディメント付きの門構えを取り付けた。この門構えは全体の中央軸線上に位置し、大階段の最初の踊り場という特別な場所を占めているのだが、しかし笑止なことに手洗い所への入口となっている……。

そのような姿のまま現在まで遺ってきているわけだが、サント・ジュヌヴィエーヴ図書館はそれにもかかわらず、ジョルジュ・グロモール[85]の評言によれば、《19世紀における最も優れた構築物である。それは最も素晴らしい時代の建造物にも比肩し得るものであり、むしろそれらにも優るものであり、あたかも我々にその威光を認めさせるよう に仕向け、しかも掛け値なしに我々を魅了するもののように思われる。闘争的な精神の人々がこの建築家を絶賛するのは、彼が建物の内部装飾に完全に眼に見えるかたちで鉄を用いた最初の人であったからだが、それは正しいやり方であった。そしてしばしば見られた如く、その教え子や模倣者たちが、彼以上にこのモニュメントを単なる闘争の産物として見なしてしまっているのである》[5]。

(1) Laborde (Léon de), *De l'organisation des bibliothèques de Paris*, Huitième lettre. Paris, 1845年4月、p. 28. 大広間は実際は400席として計画された。

(2) Léonce Raynaud, *Traité d'Architecture*, Paris, 1870, tome 2, p. 343.

(3) Henri Labrouste. 工事日誌（1843 à 1850）. 自筆のノート第8冊。

(4) Henri Labrouste、*Revue d'Architecture* の編集者への書簡。*Revue générale de l'Architecture et des Travaux Publics*, vol. 12, 1852, coll. 381.

(5) Georges Gromort, *Histoire abrégée de l'Architecture en France au XIXᵉ siècle* 〔十九世紀フランス建築小史〕, Paris 1924, p. 216.

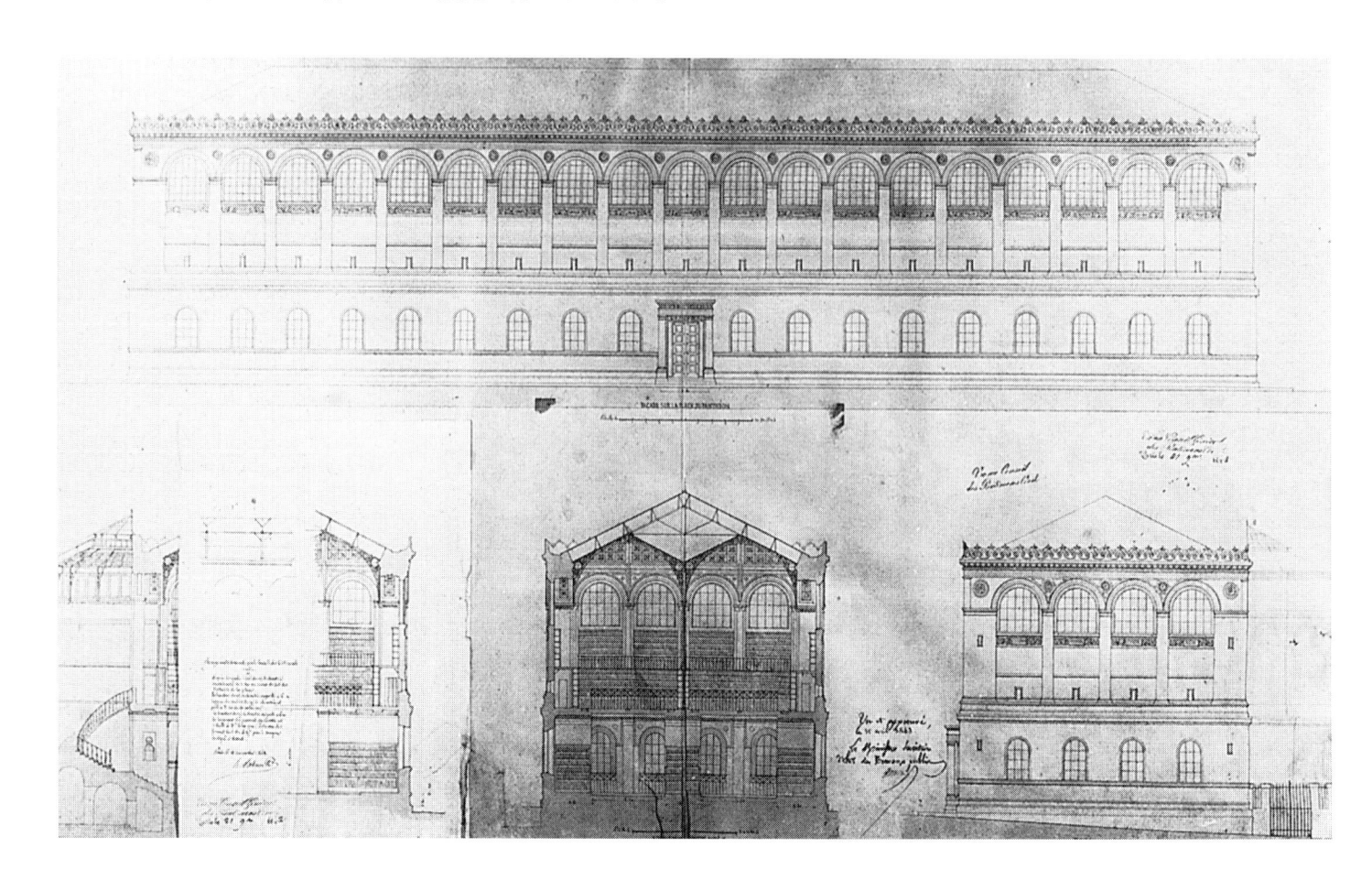

---

83. Urlich Gering (d. 1510). ソルボンヌの学長がコンスタンツから招き、1470年から1508年までパリで印刷業に従事しており、フランスに印刷技術を導入した先駆者とされる。
84. アンリ・ルコントというのは、おそらくアンドレ・ルコント André Lecomte (1894-1966) を指す。図書館北側の増築を手がけ、また大階段奥に手洗所を新設し、その設計が批判されている。
85. Georges Gromort (1870-1961). 20世紀前半にボザールの教授を務め、多くの歴史概説書をものしている。*Histoire abrégée de l'Architecture en France au XIXᵉ siècle* は初版1919年で、幾度か再版されている。1924年はおそらく第3版であろう。

受理された案〔前頁〕

ペヴスナーによればこのファサードは《堂々としているが厳しいルネサンス様式》であると言う。ジョルジュ・グロモールはもっとはっきりと言う、《この構成は少しばかり尊大である。私がそこから読み取るのは、それが「部分」や「比例」などによって人々に称賛を強いたりその注意を惹き付けたりするような小細工は、一切しようとしていないということだ……。これがなげやり仕事の結果でないのは確かで、むしろそこには真の抑制が必要とされていたのであり、ラブルーストの確かな技倆すべてが必要とされたのが、（まだ絵画的効果の方が重視されていた時代なのに）かくもシンプルな建物を、よく練られた幾ばくかの装飾モティーフ、それもそこで目標にされていた厳しさの中では、実際のところ少し寂しいほどのそれらが際立っているだけのものを、世に認めさせることであった》*。その習作では入口は添え柱によるポルティコまがいのもので縁取られており、イタリアのバジリカ式聖堂などでよくみられるもので、無装飾のファサードの壁中央に取り付けて主入口を表示する、ローマのサンティ・ネレオ・エ・アキッレオ聖堂[86]に見られる手法である。最終案ではラブルーストはこのポルティコを取り除き、彼が絶えず学生たちの前で称揚していた建築的論理に従った形に落ち着けたのである。《日射しも雨も防ぐことができないようなポルティコを描くことは認められない》**。

ラブルーストはこの計画図の余白に公共建築審議会からの注文でなされたものや地階のレヴェル、屋根などの修正についての注記を描き入れている。この図面には公共事業相のサインがあり、それは1843年4月30日の日付となっている。この設計図書によって1843年8月の工事契約が承認されたのである。

* Geroges Gromort, *Histoire abrégée de l'Architecture en France au XIXᵉ siècle*, Paris 1924, p. 60.

**Paul Léon, *La vie des Monuments Français*, Paris, 1951, p. 216.

Dessin. Arch. Nat

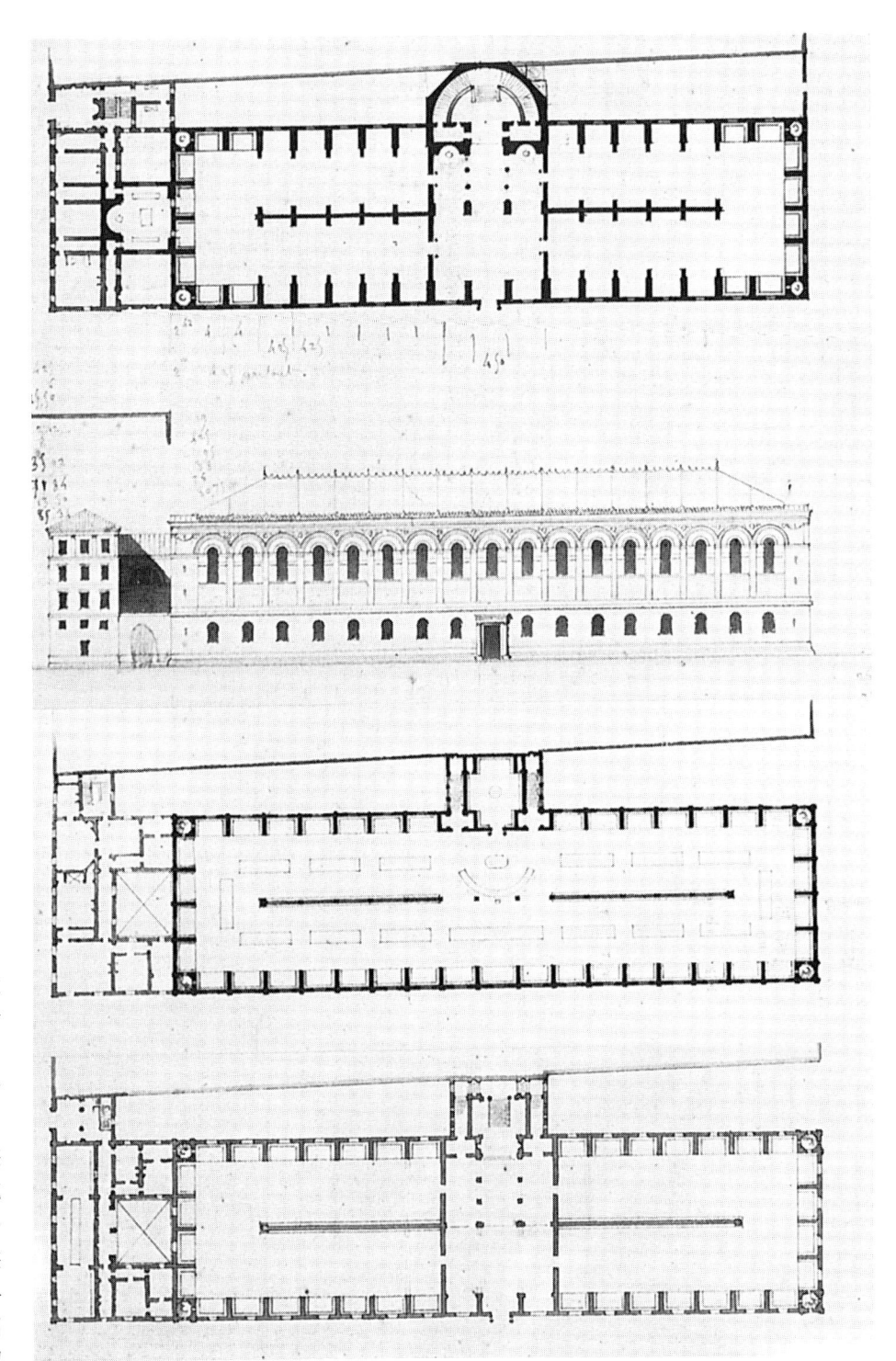

初期案

これらの試案は様々な階段の処置法と同時に、管理部門の場所をコレージュ・サント－バルブへの入口のための貸地に変更する案を示している。

Dessin. Bibl. Nat. Est.

---

86. Ss. Nereo e Achilleo. カラカラの大浴場近くアッピア街道沿いにある初期キリスト教聖堂。

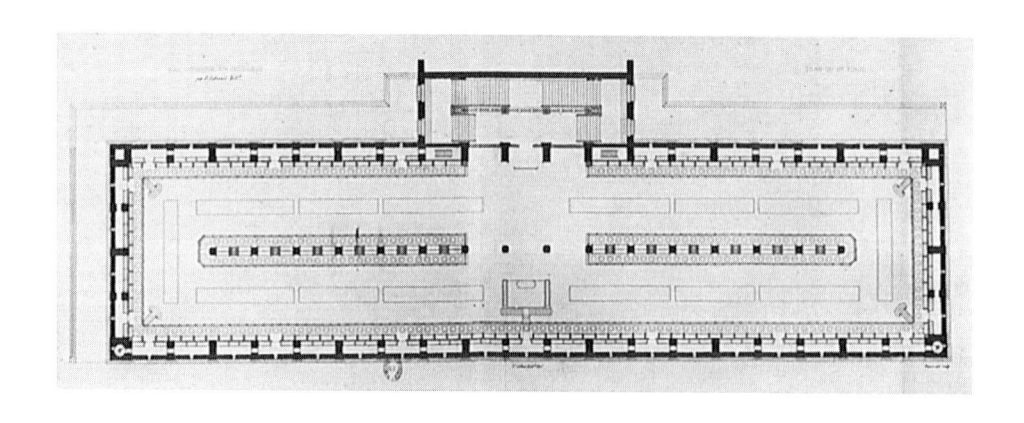

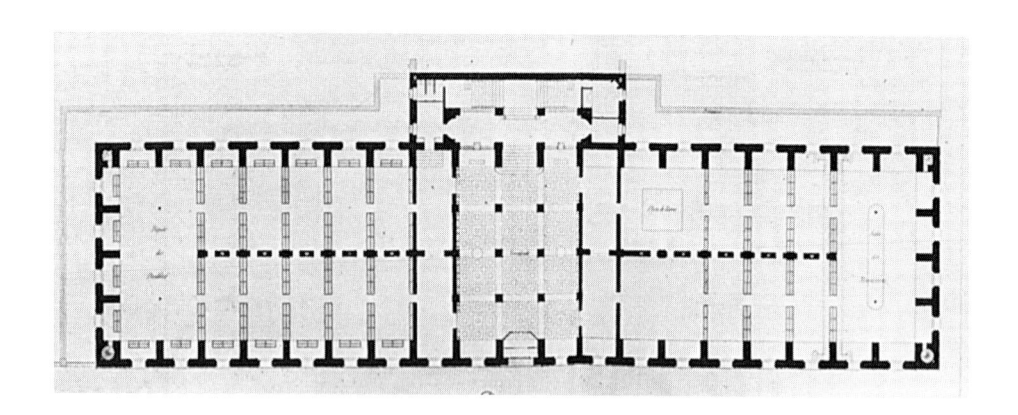

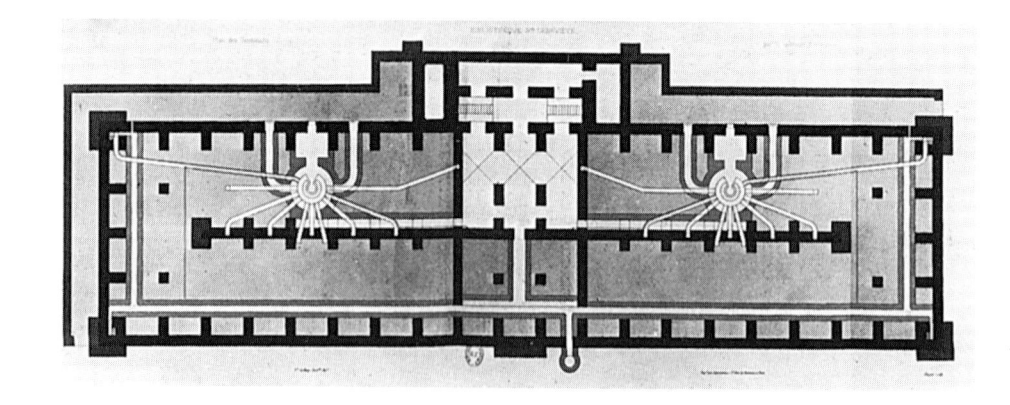

上階平面
大閲覧室平面。

一階平面
前室と書庫。

地階平面
暖房装置と温風及び換気配管。
Encyclopédie de l'Architecture, 第二巻、1852年による

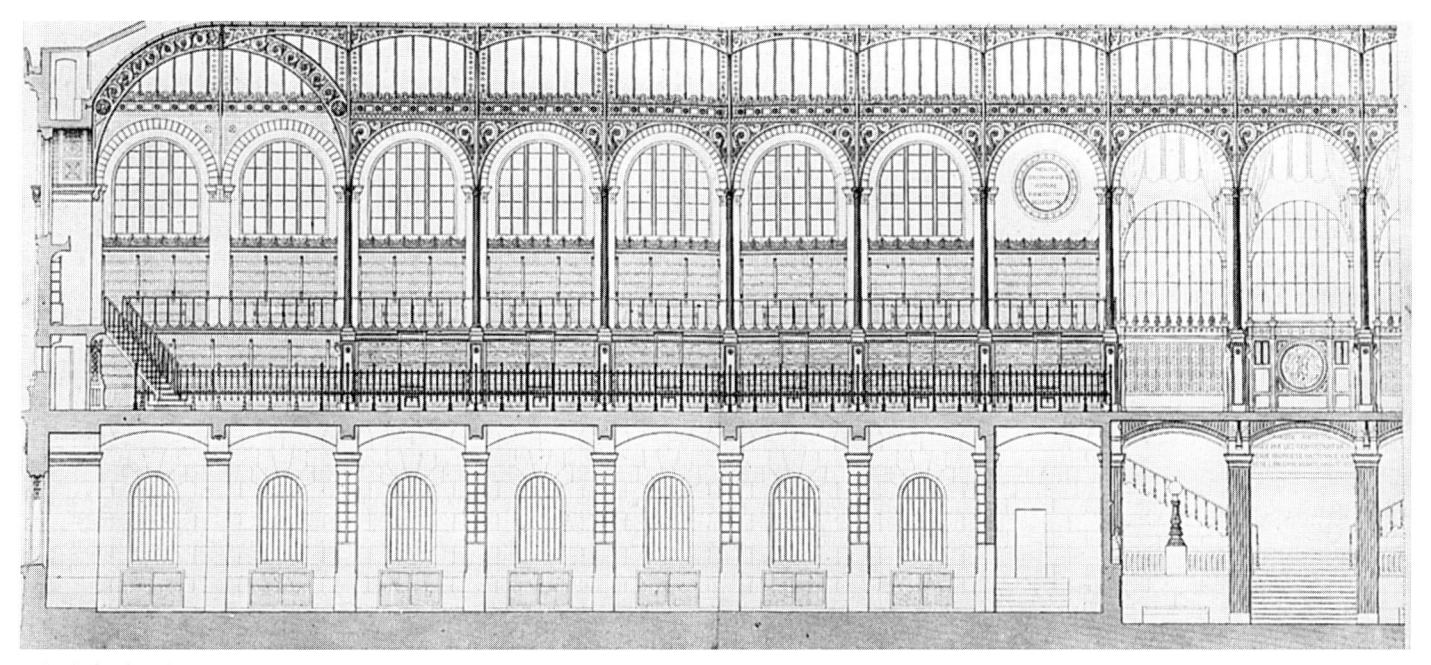

長手方向断面図

《鉄骨骨組みは外側を石造躯体に包まれており、まるで時計の機械装置がケースに収まっているかのようである》*。

* Siegfried Giedion, *Les Architectes célèbres*, T. 2, p. 139.

Encyclopédie de l'Architecture, T. 2、1852年による

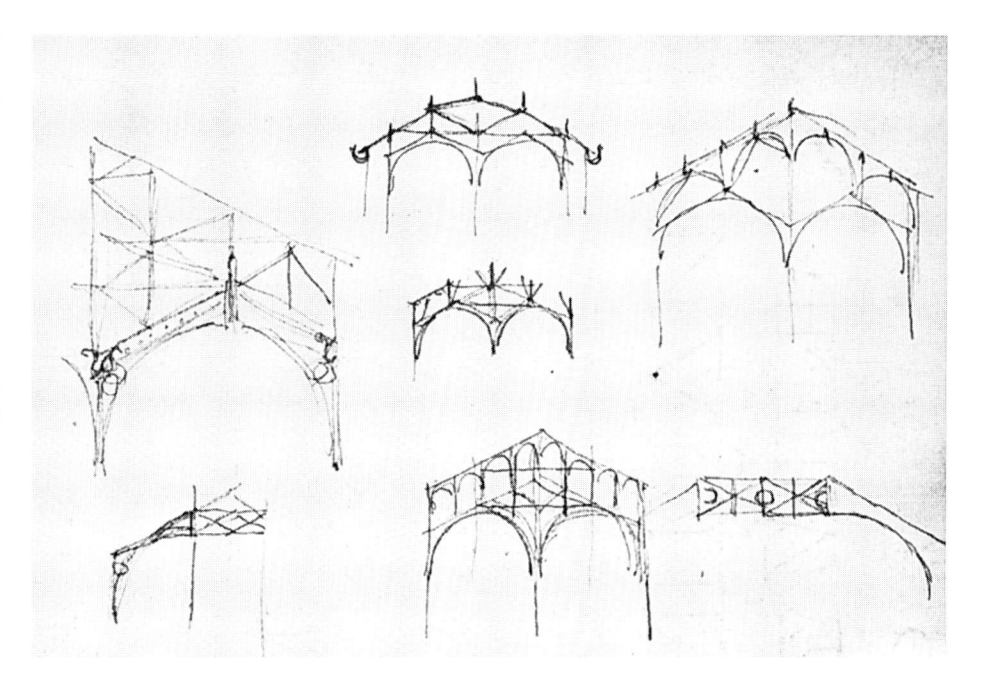

小屋組の初期スタディ

サント・ジュヌヴィエーヴ図書館の構造は、シャルル・ガルニエの考え方にまで影響を与えたように見える。《確かに、いわゆる構造材として鉄は数え切れないほどの用途があり、未知の可能性があるが、芸術面から言うなら、それは支柱や屋根のためだけのものではない》*。

* Charles Garnier, "Le style actuel"〔現代の様式〕, dans *A travers les Arts*, Paris 1869, p. 77.

Coll. Y. Labrouste.

管理部門棟

図書館とはヴァレット通り〔Rue Valette〕を隔てて隣接している。

Dessin Arch. Nat.

透視図

R.G.A. T. 11, 1850, pl. 31 より。

Dessin Arch. Nat.

サン‐シュルピス神学校〔の窓〕[87]

1823年、その一年前に着工していたこの建物の作者である建築家ゴッド[88]は、デトゥーシュ[89]を工事監督とし、監督助手にアンリ・ラブルーストを用いた。この時期ゴッドは四つの重要な計画に携わっている。サン‐ピエール‐デュ‐グロ・カユー（サン・ドミニク通り）[90]、サン‐ドニ‐デュ‐サン‐サクルマン（テュレンヌ通り）[91]、ノートルダム‐ド‐ボンヌ‐ヌーヴェル（ボールガール通り）[92]、そしてサン‐シュルピス広場の神学校である。これらの計画のどれにラブルーストが特に関わっていたかは不明であるが、神学校の半円形アーチの窓はサント‐ジュヌヴィエーヴ図書館の初層に用いられたものと同様なタイプである。

撮影 Pierre Saddy.

---

87. （L'ancien）Séminaire de Saint-Sulpice, Place Saint-Sulpice. パリ第6区、カルティエ・ラタンの一郭でエコール・デ・ボザールに隣接する。神学校は1906年にここを退去し、その後様々な用途に転用されたが、1922年以後、財務省の建物として利用されている。
88. Étienne-Hippolyte Godde (1781-1869). 1813年から30年までパリ市の建築家として多くの聖堂や公共建築の建設に関わる。
89. Louis-Nicolas-Marie Destouches (1788-1850). ペルシェとヴォードワイエの弟子で、パンテオンの完成工事を手がける。
90. Saint-Pierre-du-Gros-Caillou, rue Saint-Dominique. パリの第7区にあり、1822年の建設。単純な長方形のヴォリュームにトスカナ式円柱のプロナオスを取り付けたもの。
91. Saint-Deny-du-Saint-Sacrement, rue Turenne. 第3区にあり、1826年の建設（原著は Saint-Denis と記しているが、Saint-Denys とするのが一般的らしい）。これも単純な長方形にイオニア式のプロナオスを取り付けたもの。
92. Notre-Dame-de-Bonne-Nouvelle, rue Beauregard. 第2区にあり、1823-30年建設。これはドーリス式のポルティコを取り付ける。

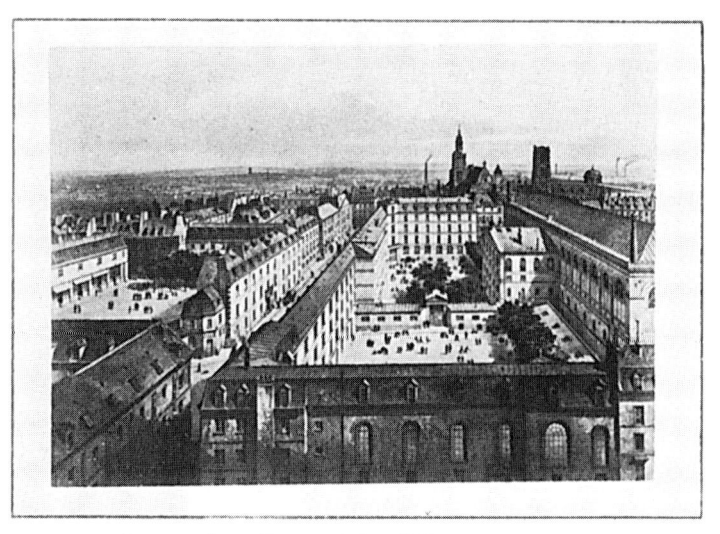

コレージュ・サント – バルブ[93]

　1840年、アンリ・ラブルーストと兄のテオドールは、かつてサント – ジュヌヴィエーヴ図書館の敷地に予定されていた隣接地で、コレージュ・サント – バルブの改築に取りかかっている。コレージュの主入口の位置はキュジャス通り〔rue Cujas〕にあって、1841年、ちょうど公共建築審議会が図書館の計画を審査していた時期に取得された。ラブルーストはそのファサードに10年後に図書館の方で実施されることとなる形式を採用していた。図の上方にはサンテティエンヌ – デュ – モン聖堂〔St-Etienne-du-Mont〕が見える。右手は図書館の背面で、張り出したかたちの階段室が見え、また建物の両角には二つの暖房用煙突がある。煙突をこのように離して配置するのは安全上の必要からであった。〔コレージュの〕音楽室は運動場に面しており、その運動場は教室へつながるギャラリィによって二つに分割されている。手前にはチャペルや面会室、事務室などがあり、そのファサードだけが現存している。1950年には公共建築部の建築家たちはこれら入念に造られていた建物を取り壊し、同時にすぐ近傍の法学部図書館も取り壊してしまったが、これはラブルーストのかつての教え子であったルルー[94]の代表作だったものである。

版画を複製した当時の写真　Coll. part.

〔図書館の〕部分立面図〔左図〕

Dessin. Bibl. Nat. Est.

---

93. Collège Sainte-Balbe はパリでも由緒ある名門校で、4人のラブルースト兄弟は皆ここで学んだ。1838年には次兄のアレクサンドル Alexandre (1796–1766) が校長となっており、テオドールとアンリが校舎の設計を引き受けたのはそうした縁からであった。
94. Louis-Ernest Lheureux (1827–1898). "rationaliste" として位置づけられており、ヴィオレ – ル – デュクとも親しかったと言われる。1886年にはテュイルリーに建設する「革命記念碑」の計画案を作成している（Musée d'Orsay 蔵 ARO 1981–877）。

RACINE
BOILEAU
CORNEILLE
MOLIERE
ROLIN
RACINE
SENEQUE
PASCAL
POTHIER
BUFFON
VOLTAIRE
MOLIERE
CUVIER
ARIOSTE
HORACE
HOMERE
ABCD
VOLTAIRE
POTHIER
OVIDE
VIRGILE
CICERON
TACITE

立面詳細

　図書館は《獲得されてきたすべての知識を内蔵するモニュメントである》とは、ブレーが1784年に計画案中に記していた銘文である。この特別な性格を表現するに際して、ラブルーストは愛するその物語る建築に忠実であった。セザール・ダリへの書簡の中で彼は次のように書いている。《ファサードの二層目で内部の書物を収納する棚に当たる部分には、大文字でその作品が図書館に所蔵されている著者や作家の名前が刻まれています。この顕彰碑的カタログがファサードの主要な装飾となっているのであって、それは書物それ自体が内部の最も美しい装飾となっているのと同様なのです》。このファサードはテオドール・ド・バンヴィル[95] の見方で揺がされてしまうようなものではないが、彼は次のような異議を呈している。《石の上にあらゆる時代の詩人や著名な賢人たちの名を刻み付けたのは良いことだったし、装飾のモティーフとしても結構なものであった。しかしこれはあまりにも素直すぎて書物の頁のようだし、古典風の花綵飾がメダイヨンから吊り下げられ、S. G. の組文字の形となっているが、これは石彫りの葉飾りに埋もれてしまっていて、これでは第一帝政期の建築家たちが古代を解釈したやり方を思い起こさせてしまう》*。

　正確さと、微細な部分や質感までも写実的に表現されていることから生ずる幸福感が、この意匠とテクニックを特徴づけているのであり、ファサード天端の軒樋もそうである。その意匠は一点一画までエコール・デ・ボザールのパレ・デゼテュードの石造軒樋のモティーフをなぞっているが、ラブルーストはその現場監督を務めていた。ここではそれが鋳物で造られていて、これは最新の工法に従ったもので、創案者の建築家イットルフはそれを次のように正当化している。《私はサン‐ヴァンサン‐ド‐ポール聖堂[96] の雨樋を兼ねるコーニスのキマティウムのくり型に鋳物を用いる構法を採用したが、これは同様な箇所に大理石やテラコッタを用いていたものの代わりである。これは結果的にコーニスに用いられる堅牢な石材を節約することとなり…同時に彫刻に要する工費もかなり節約できる》**。

* Théodore de Banville, *Le Quartier latin et la Bibliothèque Sainte-Geneviève*, Paris（日付なし）。
** Charles Eck による引用。*Traité de l'Application du fer, de la fonte et de la tôle*, Paris 1841, p 69

　　　　Dessin, Bibl. Nat. Est.〔前頁〕
　　　　撮影 Austin

---

95. Théodore de Banville (1823–91). 詩人・劇作家・評論家でユゴーやボードレールらとも親交があった。アルテュール・ランボーの才能を最初に認めたことでも知られる。
96. Saint-Vincent-de-Paul. 第10区にある。当初は Jean Baptiste Lepère (1761-1844) により開始されていたものだが、1831年から工事を引き継いだイットルフが大幅に計画を変更し現在の姿となった（1844年竣工）。イットルフの代表作とされる。

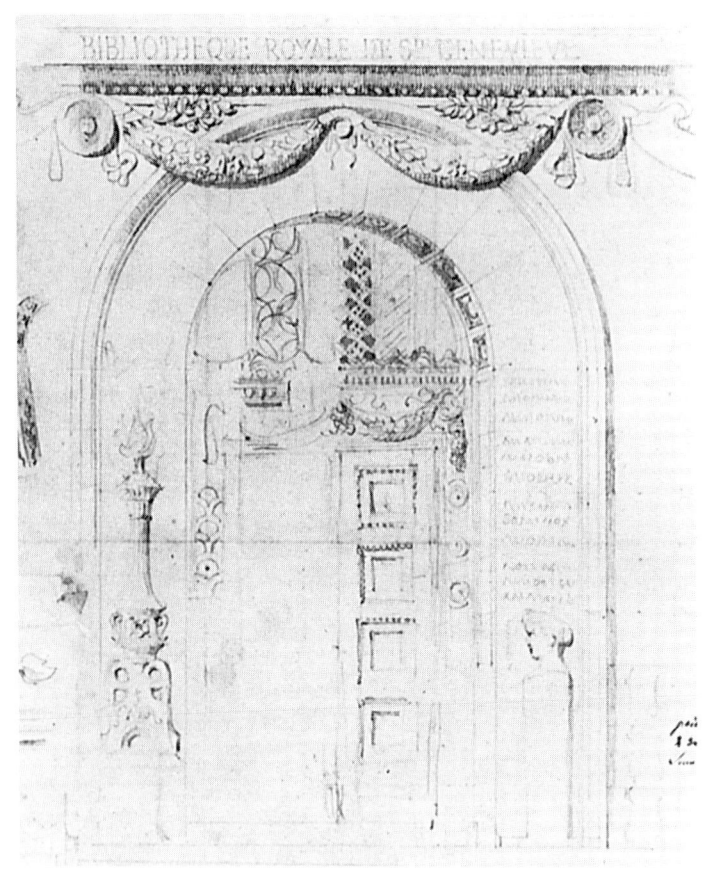

入口のスタディ図

　却下されたポルティコ案がその有用性を期待されなかったのに対し、入口縦枠に簡単に浮彫で彫り出されただけの紋章のような二つの灯明台の方は、入口の格式を強調する二重の役割をそなえているのであって、これが入口を提供しているところの場所のタイプをも表明しているのである。その場所とは前室なのであって、それゆえラブルーストは石でヴェスタを象徴する三脚灯明台を表すことを選んだのであり、古代ローマ人たちは女神たちに捧げるべき聖なる火をともすために、それを前室の飾としてしつらえるのを習いとしていたのであった。こうした暗示は現代の我々には分かりにくいもののように思われるが、これはもっぱら古代文化の教養を身に着けていた知識人たちに向けられていたのである。このスタディ図では胸像を用いる案も試みられているが、これはエコール・デ・ボザールの入口で採用されていたものを想起させるが、デュバンとその現場監督であったラブルーストは、そこにピュジェ[97]とプッサンの胸像を取り付けていたのであった。ローマ滞在中に描き留めていたパンテオンの入口のイメージをもとに、ラブルーストはその欄間にブロンズの格子組子を取り付ける案も検討している。この格子組子は実施段階では前室への採光の必要上、飾り気のないガラス窓に置き換えられた。

Dessin. Bibl. Nat. Est.

入口扉

　扉はブロンズ製でシモネという鋳物師の鋳造になるが、その息子が後にラブルーストの教え子となっている。鋳鉄ではなくブロンズを選択したのは、それは二階の入口に鋳鉄を用いたのとは逆であるが、ラブルーストは最近サン−ヴァンサン−ド−ポール聖堂に向けられていた悪評を教訓にしたのであろう。その材質の荒々しさにショックをうけた信者たちの反感に遭って、イットルフは1844年に取り付けられていた内陣の扉をブロンズ張りに取り替えることを余儀なくされていたのである。

　図は *Encyclopédie d' Architecture*, T. 2, 1852 による。

---

97. Pierre Puget (1629-94). フランス古典主義の代表的彫刻家。

撮影 Austin

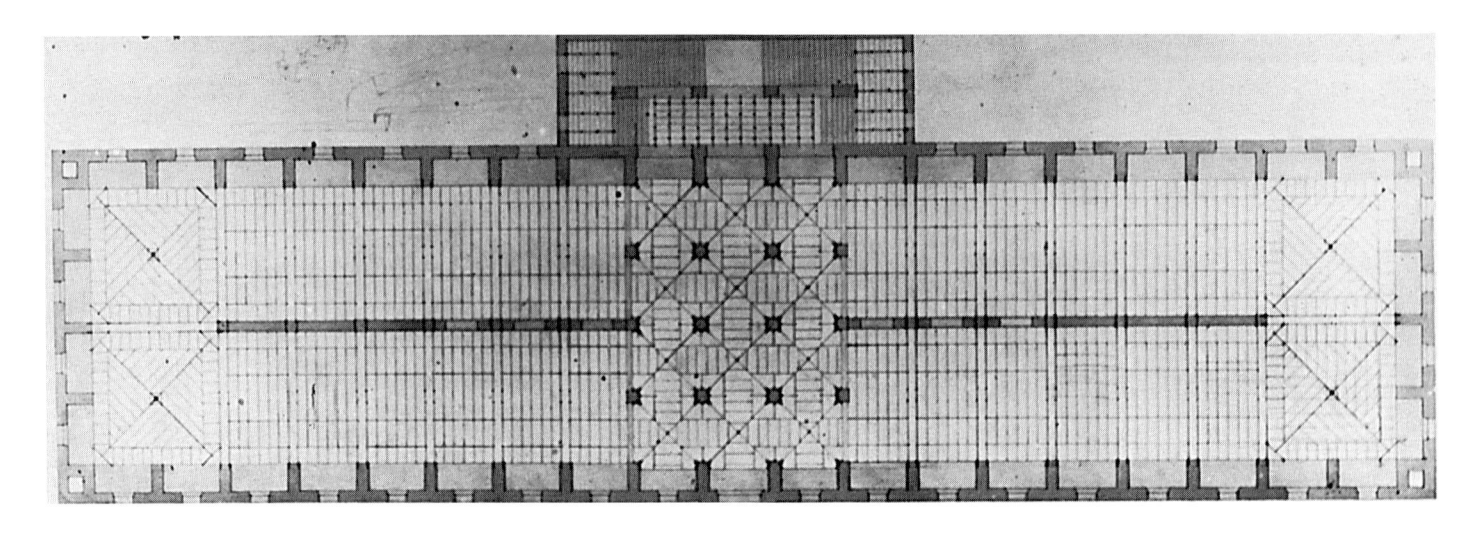

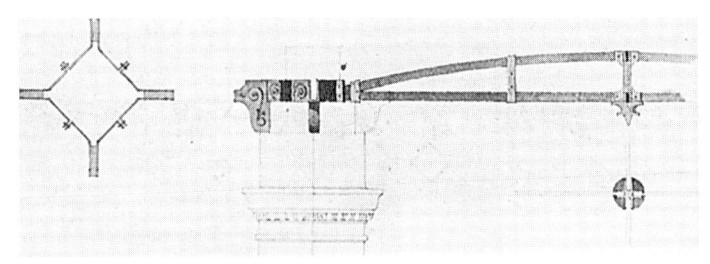

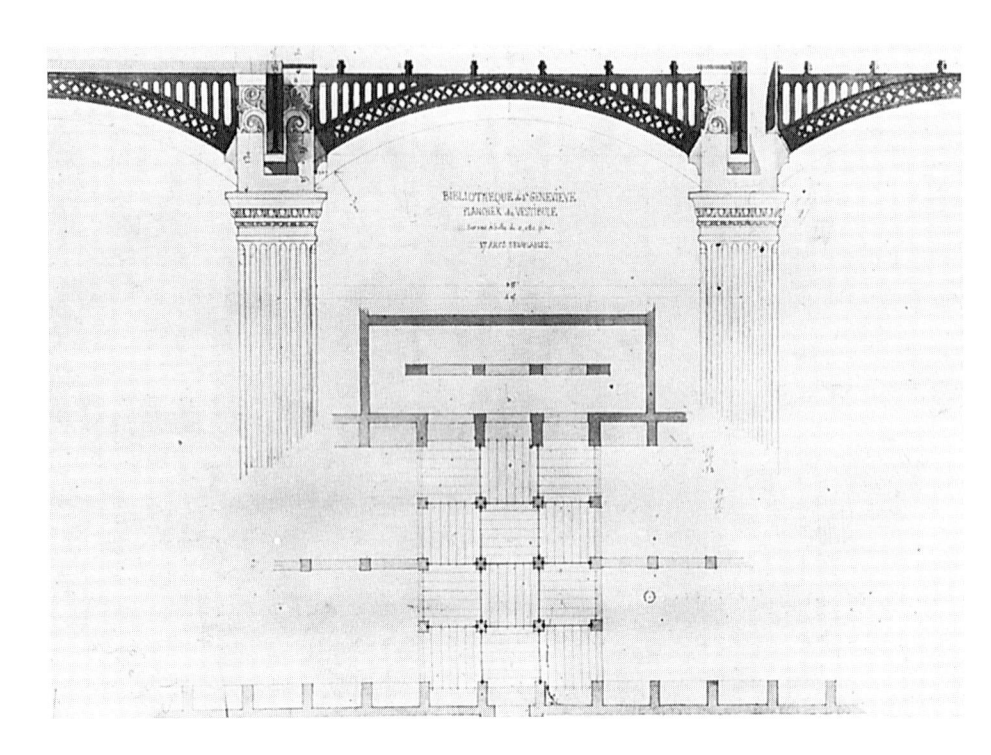

初層梁伏図
〔原著では「前室床伏図」となっているが誤りであろう―編者〕
対角線に小梁を入れた初期案。
Dessin. Bibl. Nat. Est.

〔前室梁組〕詳細図
四つの部材からなり、柱の頂部に取り付けて対角線の小梁を受ける。
Dessin. Bibl. Nat. Est.

前室床伏図
受理された案。
Dessin. Bibl. Nat. Est.

前室

　ラブルーストがイメージを紡ぎ出す雄弁な能力はセザール・ダリへの書簡にも表れている。《できることなら大木が植えられ彫像群で飾られた広い空間が建物の前面にあって欲しいと考えていて、それによって公道の騒音を遠ざけ、訪れる人々の思索作業にそなえたいのです。美しい庭園が、勉学に充てられたモニュメントへの導入部としてふさわしいものであることは疑いないところです。しかし敷地の制約からそのような配置は許されず、それは放棄せざるを得ませんでした。そこで私の好む庭の在り方、そこを通ってモニュメントに到達するようなそれを、私は前室の壁に描くことにしましたが、ここだけが公共の場と図書館との間の緩衝地帯なのです。描かれた私の庭は確かに、マロニエやプラタナスの美しい並木には太刀打ちできないでしょう。しかし常緑の木々や常に咲き誇っている花々を、12月においてさえも示すことができるという利点もあります。さらに、パリの気候にはお構いなく、この想像上の肥沃な土地にあらゆる国々の樹木を植えることができ、聖ベルナールの〔胸像の〕そばにオリエントの椰子を配し、ラシーヌのそばには花をつけたオレンジを、ラ・フォンテーヌのそばには樫の樹や葦を、またミルトや月桂樹をプッサンのそばに配することができるのです。前室は少し暗いのですが、しかしここを通る閲覧者たちはおそらくこの暗がりを、眼を惹き付けるための木陰に他ならないと受け取ってくれるでしょうし、それを期待する私を許してくれるでしょう》。テオドール・ド・バンヴィルが指摘する如く、背景に淡い青色に塗られた空と木々は、《理想化され、いわば抽象化されて描かれており、実在のギリシアではなくホメーロスやプラトーンのそしてフィーディアスのギリシアを想起させようとするものなのだ》。

撮影 Austin.

横断面図

　論理性や正確さといった建築そのものに見られたのと同じ特質は、ラブルーストがセザール・ダリのために寄稿した文章の中にも表れている。《図書館の大広間は上階に位置し、この建築の建坪一杯を占め、すなわち 84.75 m に 21 m、つまり 1779.75 m^2 の面積である。この広間には鋳鉄製の扉を通って入る。書籍は広間全周にわたり 5 m の高さで並べられ、これは床から 2.5 m の高さにあるギャラリーで二層に分けられているので、車付き梯子の援けなしでも、すべての場所に手が届くようになっている。ヴォールトを支える広間周囲の控え壁の間は小部屋群として利用されている。広間は一列に配置された 18 個の円柱によって二つの並列空間に分けられ、それらの円柱が〔二列の〕ヴォールトの背骨にあたる部分を支えており、それらのヴォールトが全空間を覆っているのである。円柱群は石造の柱台から立ち上がっているがそれらの間にも書架が 2.5 m の高さで配置されている。柱台の東西面にはそれぞれ人面が彫り出されていて、それぞれ昼と夜を表している。鋳鉄と真鍮製のグリルが書架の 1 m 手前に置かれてそこを来館者たちの空間と分けており、これによって安全性を損なうことなく書架を扉なしにしておくことができ、その書架は簡単な棚にすぎず、係の館員は容易に書籍の出し入れができる》。

　R.G.A., T. 10, 1849, p. 382.

Dessin. Bibl. Nat. Est.

閲覧室内部

　1939 年、二廊式の空間の印象は変えられるが、それは中央の背骨部分に加えられた変更と机配置の向きが変更されたためである。円柱からの荷重を受けている石造の台座は当初それらを取り巻いていた書架から解放されている。この手術は中央軸での荷重を受けているという印象を過大に強調することとなっており、それらは当初は大量の書籍の上に載った華奢な小円柱群のように見えていたものだったのである。

撮影 Austin.

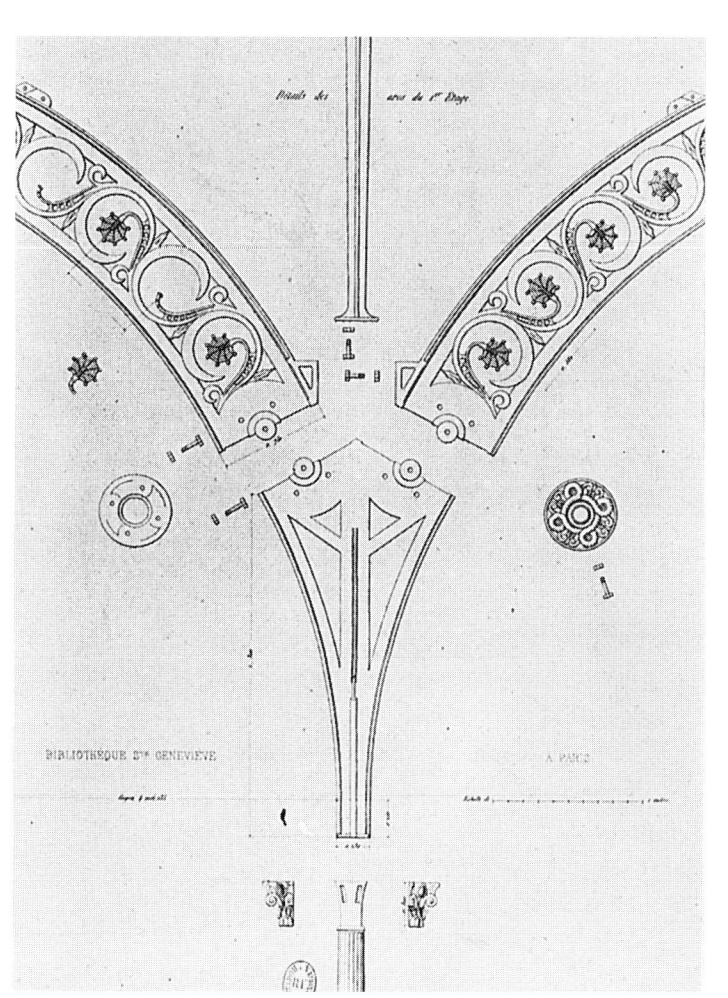

アーチの組み立て図

Encyclopédie d'Architecture, T. 2, 1852, Pl. 19, 20 より。

〔図中書き込み文字は、右下隅に "*17 mètres sur 80,75 de longueur*"（17m に長さ 80.75m）、その左手には "Vu au conseil des batiments civiles"（公共建築審議会に提出）、中央下には "*Vu et approuvé, le 10 avril 1843/Le Ministre Secrétaire d'État des Traveaux publics/Verne*"（1843 年 4 月 10 日提出・承認／公共事業相／ヴェルヌ）とある。〕

内部透視図　1842年〔前頁〕

　中央の背骨をなす部分は華奢な円柱列の台座となり、また閲覧室を二つの長廊に分けている。《一つの鉄製のアーチだけでもヴォールトを壁から壁へと架け渡すこともできたはずだ》とレオン・ド・ラボルドは指摘している。実際ラブルーストは純技術面での冒険にはあまり意を用いることはなく、金属を単なる架構手段としてしまうことはしなかった*。円柱群によって二つの作業空間に分割しその大きさを限定するという手法は、エコール・デ・ボザールの図書館のやり方に似ており、ラブルーストはその工事で監督を務めていたのであった。

* cf. Bruno Foucart, *Henri Labrouste et ses contemporains, dans les Monuments Historiques de la France*, 1975, 6, p. 7.

　　Musée du Louvre, Cabinet des Dessins.
　〔Musée d'Orsay に移管 R.F.4141. 45×59 cm〕

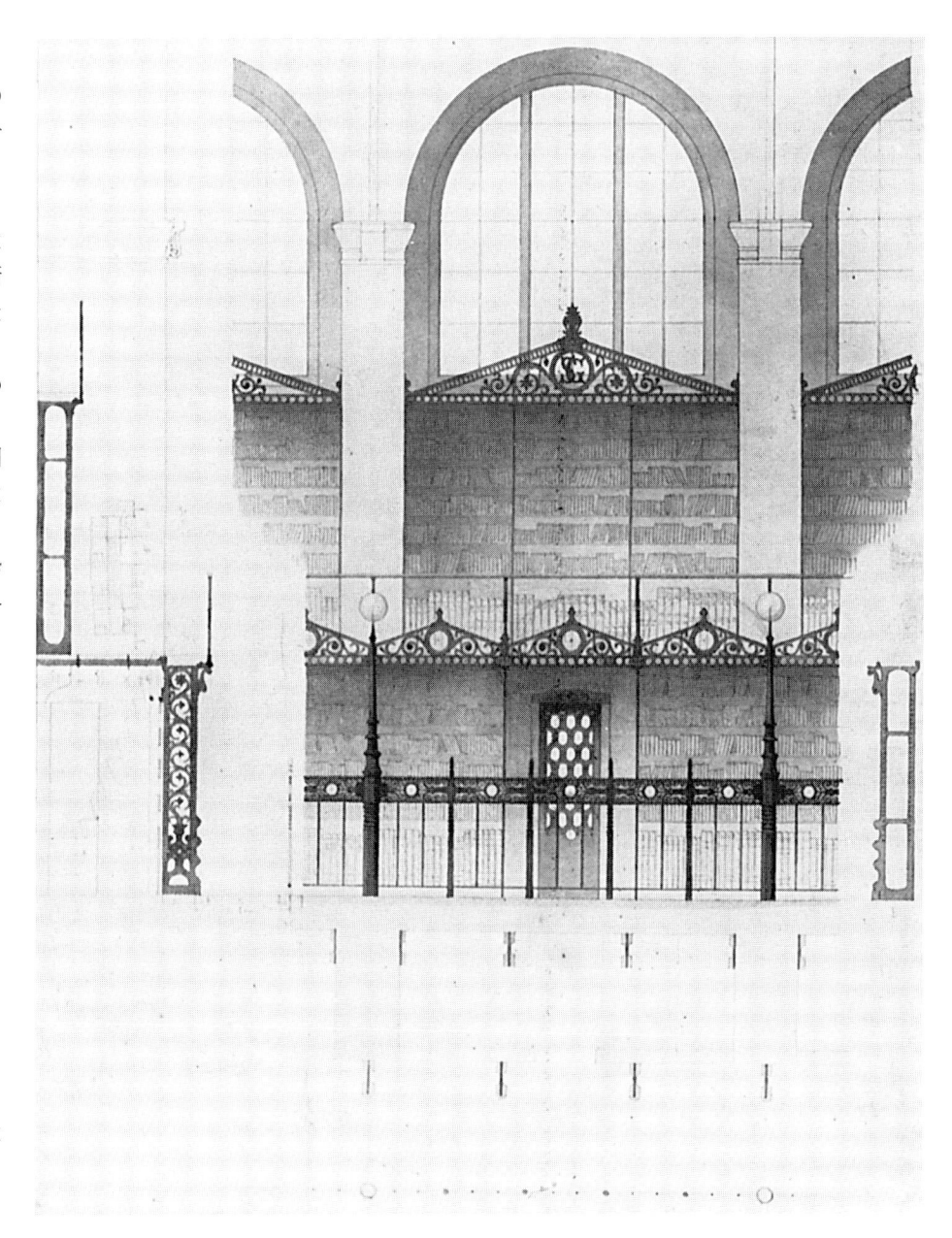

室内側面展開図

　書架の壁は上部の書架にアクセスするための通路と一体になっており、下部は石造壁柱の間の倉庫に充てられている。

　　　　　　　　　　　Dessin. Bibl. Nat. Est.

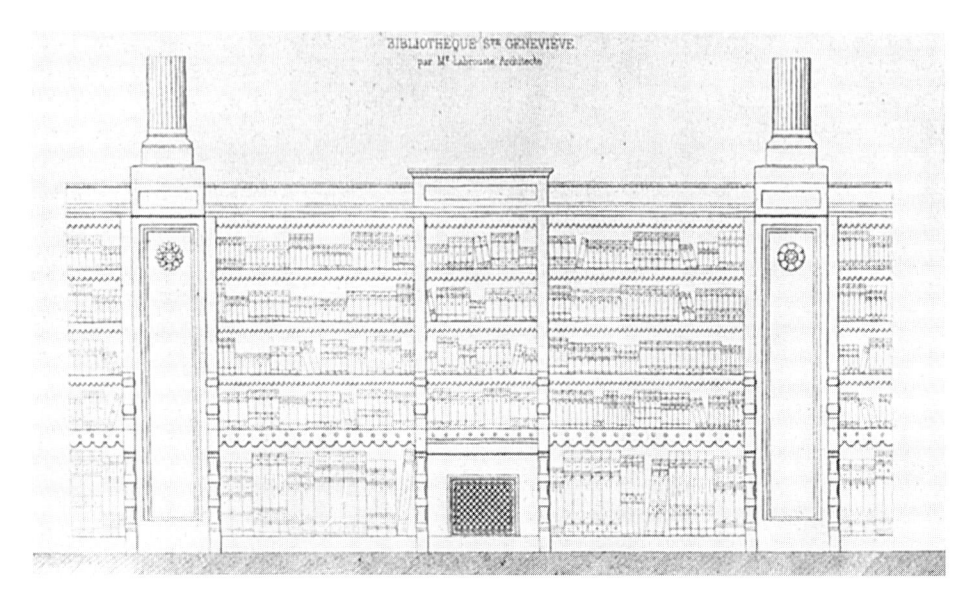

書架上端飾

　書架の上端装飾には外部のアクロテリアと同じモティーフが採用されている。ここでは彩色が施されているが、それというのも内部ならば着色が可能だが、外部ファサードの場合は自然の色彩、つまり材料本来の肌色以外は受け付けないからである。この彩色を施すのに選ばれた装飾のモデルはしかし古典古代のもので、それはまたもや教養のある人々の眼を少し驚かせることとなった。《装飾は入念に彩色されていて、確かに装飾としての単純さはそなえているのだが、エトルリア風であったり、あちこちにエジプト風らしきものがあったりする。こうしたエジプト風やエトルリア風があからさまな現代風建物、たとえば鉄道駅舎などに用いられたらどうなるかいぶかられるところだ。しかしこのような疑問は、答えることが不可能なたぐいのものではない。新しい用途に充てられたモニュメントが、それらのおかげでなにがしかプリミティヴな、そして既知の様式を強引に抽象化したような様相を帯びるのである。しかも、プリミティヴな文明により創りだされていた装飾が、壮観を呈しているのだ》*。

* Théodore de Banville, *op. cit.*, p. 29

Encyclopédie d'Architcture, T. 3, 1853
所収の彩色石版画による。

中央の構造の一間分

　上階の二つの「背骨」はそれぞれ地階の暖房装置とつながっている。温風は一階の中央の壁の中に隠された導管から上がってきて、二つの石の柱台のあいだの温風吹き出し口から放出される。それら柱台の側面にはガス灯が取り付けられている。煙の導管は北側ファサードの角にある二つの壁ブロックの中に、作業場や閲覧室からの汚れた空気排出のダクトとともに収められている。暖房装置室で運転状況を確認するにはガス灯一つがあれば充分である *。

* Ernest Bosc, *Traité complet, théorique et pratique, du Chauffage et de la Ventilation*, Paris 1875, p. 214.

Encyclopédie d'Architcture, T. 3, 1853
所収の図版による。

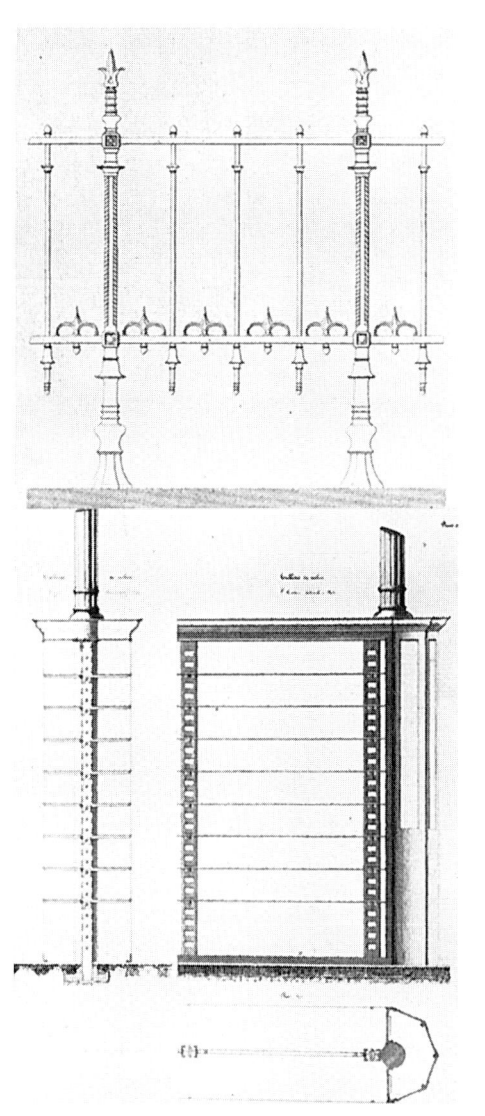

書架の前の柵

Encyclopédie d'Archtecture, T. 3, 1853, Pl. 15 の図版

金属製書架

　この別案は中央の背骨部分をすべて金属製とするための提案である。刻みを付けた支柱に腕木を引っかけて棚板を支えるというもので、現代ひろく用いられている方式である。ラブルーストはエスキースの一つで次のように説明している。《表面を金色に仕上げ、室内の簡素さと対比させる》。この案は最終的には放棄され、より《構築的な》手法として石の台座と木製書棚が採用された。薄い金属よりも分厚い材料を選んだというのは、ラブルーストが二廊式の空間を作るということを強く意識していた表れである。

Chargo-Brunet 社によるデザイン
Bibl. Nat. Est.

壁面書架

通路を持送り支持とする案。

Dessin. Coll. Malcotte.

56

57

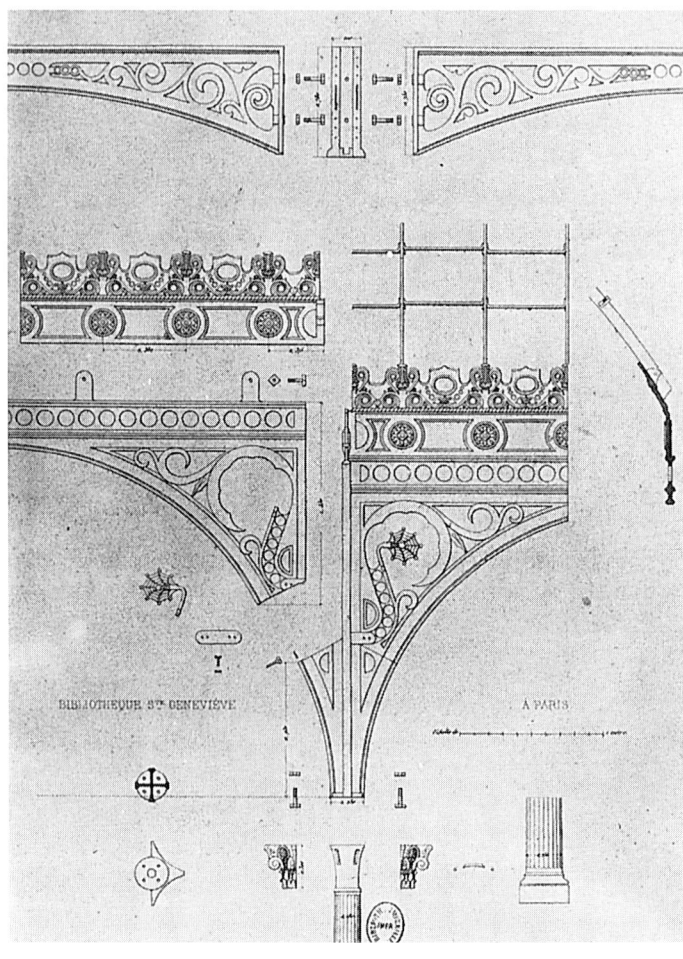

前頁 [pp.56, 57]

金属製小屋組
四つの案。[98]

Dessin. Bibl. Nat. Est.

アーチのスタディ

Dessin. Bibl. Nat. Est.

アーチ組み立て図

Encyclopédie d'Architecture, T. 3, 1853. からの図版。

---

98. これらの図は、ラブルーストによる他のすべての図と同様、水彩で彩色が施され、部材の役割ごとに色が塗り分けられている。

細部

漆喰のヴォールトを補強する金属製ネットの留め具

Dessin. Bibl. Nat. Est

アーチ細部

金属製構造部材の色には黒が選ばれたが、これはそれらが鋳型から取り出されたときの状態を暗示している。これらの部材はいちど油煙やコール・タール、あるいはアスファルト〔bitume de judée〕を熱い亜麻仁油で溶いたものが塗装されている。ヴォールトは漆喰であるが鉄の金網の上に塗りつけられ、滑らかに仕上げられたものである。

撮影 Austin.

アーチ部材

Revue Générale de l'Architecture, T. 11, 1850, Pl. 32.

大階段

撮影 Austin

大階段の手摺

　鋳鉄製部材は単純な回転体の形であるが、建築家はその輪郭を原寸で作図しており、その原型は鋳造所で旋盤加工された。このラブルーストのデザインしたものは、機械油を塗った上、カッラの工場に渡されたが、そこはフォーブール・ポワソニェールにある有名な鋳物製造所で、その業績は《装飾鋳物に重要な進歩をもたらしており、特に鋳鉄製の彫像を得意とし、サン - ヴァンサン - ド - ポール聖堂のグリルやルーヴォワの噴水、トローヌの関税徴収所の彫像、ルーヴル中庭の照明塔、サント - ジュヌヴィエーヴ図書館の小屋組などを手がけている……》。

　Grande Encyclopédie, Art, Calla, Christophe, François, 1802–1884.

Bibl. Nat. Est.

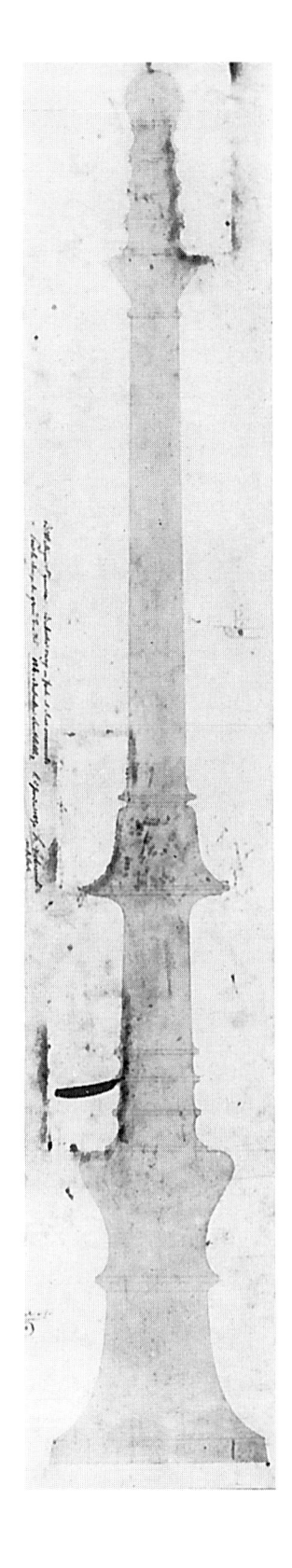

サン‐フィルマンの農業コロニー 1845-1848 年

　アレッサンドリアの刑務所のコンクール以来、ラブルーストはシャルル・ルーカスに認められることとなるが、ルーカスはセーヌ地方の「孤児保護協会」〔Société de patronage des jeunes libérés de la Seine〕の創設者であった。博愛主義団体の指導者たちと交流し、彼は上院議員のモレ伯爵が運営委員長を務める「里親協会」〔Société d'Adoption〕の建築家に選任される。

　「里親協会」は、その規約第一条によれば、《その目的は身寄りのない貧しい孤児たちを農業コロニーに収容し、それらの児童たちのための養護施設とすること》であった。1845 年、ラブルーストは協会の賛助会員として、オワーズ県のボーヴェ近傍サン‐フィルマン〔Saint-Firmin〕の農業コロニーの工事指揮の仕事を引き受けた。ラブルーストはその習慣に従い、すべての予備作業として、その手帳に様々な情報や図面など、計画作業のために役立つメモを集めていた。「ブルターニュ農業会議」（ヴァンヌ〔Vannes〕1843 年）の決議文まで書き写しており（p. 8）、それは各県に《広大な農業施設を配置することにより入植地兼実験農場を設け、そこを孤児たちの集団収容施設となし、また各県に「実験学校」を開設することとする……これらの大規模施設は農業工場であると同時に農事博物館ともなすべきものである》というものであった（*La Démocratie Pacifique*[99], 1844 年 2 月 25 日号）。

　1845 年に初めて現地を訪れた後、7 月に工事が開始されるが、それは既存建物の小規模な改修だけであった。《厨房の食肉用戸棚》、《ベッドの見本》、《業者がコロニーに寄付した療養施設のための暖房》、等々。ラブルーストはメモに 1846 年 11 月 9 日の日付で次のように書き付けている。《工事はすべて終わっており、始めたときよりはよく見える、要するに合格ということだ》。建築家は現場を訪れることで工事の進行を円滑にしようとしたのだが、ラブルーストの立会は単に工事を監督しそれに承認を与えたり禁止を命じたりすることではなく、真の《作者》として現場の人々に正確な助言を与えることであったと言える。しかし人里離れた田舎の中のコロニーとの往き来はそれほど容易ではなく、ラブルーストは北鉄道会社の技師たちへの助言に添えて、《まだ一般利用に至っていない鉄道で》行けるようにと要望していた（1846 年 4 月）。

　1847 年 7 月、「里親協会」は第二期の工事に取りかかるが、この度は全く新しい建物に関わるものであった。ラブルーストは羊小屋と牛舎を農場の広い中庭の周りに配置することとした。計画は 9 月に付託され 10 月には煉瓦造のファサードのディテールや小屋組、建物前面に円形に張り出す階段室などの設計が仕上がっている。

　1848 年はじめには工事が完了しており、この第二期工事に引き続きチャペルの工事が行なわれることになっていたが、その設計図も何らかの工事準備がなされたような形跡も全く見当たらない。サン‐フィルマンの農業コロニーの仕事は、ラブルーストの専門家としての良心を物語るものであり、このささやかな計画のために、自ら幾度も現場を訪れ注意深く正確に請求書の書式を作成し、また同様な細心さで対象を《より建築的に》仕上げるよう努めていたのであった。計画がつましくまた報酬も同様に些少なものであったため、ラブルーストは積算係の手助けもなしで進めなければならなかった。彼は自分の手で《資材見積もり》を作成しており、この工事資材の分量見積もりは小さな手帳に書き留められ、その出張中になされていたに違いない。ラブルーストはすべてをこなしていた中世の工匠さながらに、こうした制約をむしろ進んで受け容れていた。そこでは彼はサン‐フィルマンの生産者たちや請負業者たちとも直接接触することとなり、後には鋳物製造業者とも見積業者や技術者の仲介なしに会っている。この田舎の建築は 1847 年から 48 年にかけて建設され、いまなお現存しているが、増築のため若干変更されている。それらはタルティニィ〔Tartigny〕近傍（オワーズ県〔Oise〕）のルーヴレ‐レ‐メルル農業機械及び牧畜学校〔Ecole de mécanique agricole et d'élevage de Rouvray-les-Merles〕として利用されている。

　工事に関わる文書資料で現存するものが少なく、その経過を辿ることは困難である。また子供たちのための建物の設計図はむしろ提案用の平面図で、実施は二の次で、出版のためかあるいは「里親協会」が使うため（理事会が資金募集などのため）のものであったように見える。写真を掲げた建物、牛舎については、小さなスケッチにより、ラブルーストの手になるものと推測できる。

---

99. *La Démocratie Pacifique* は Victor Considerant (1808-93) が 1843 年に創刊した社会主義運動プロパガンダのためのジャーナル。

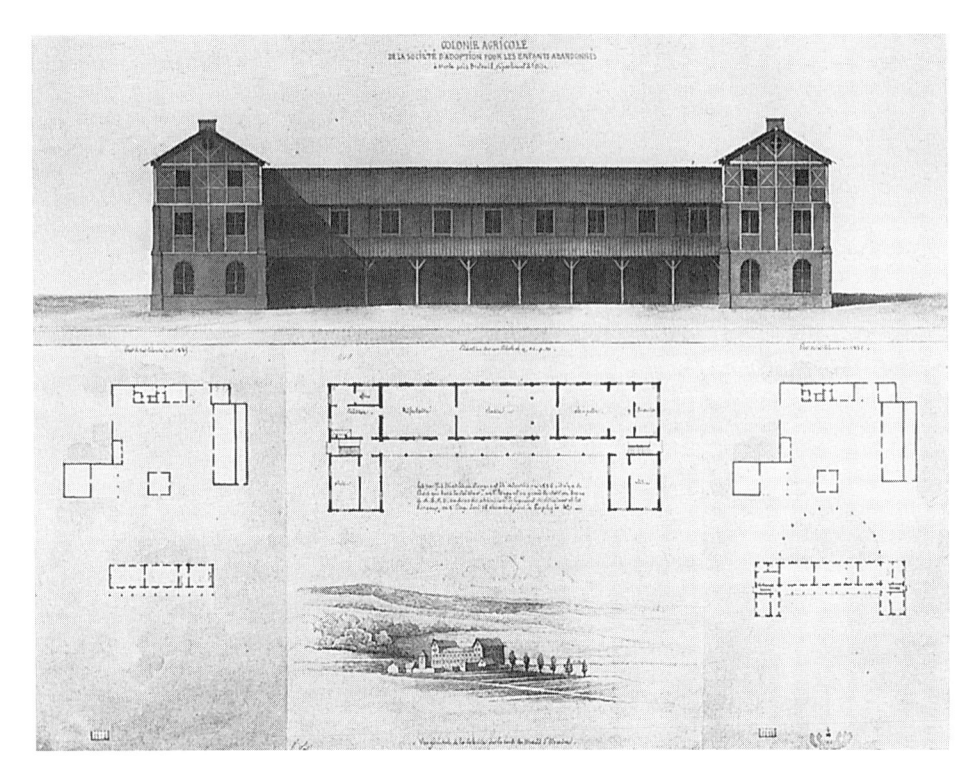

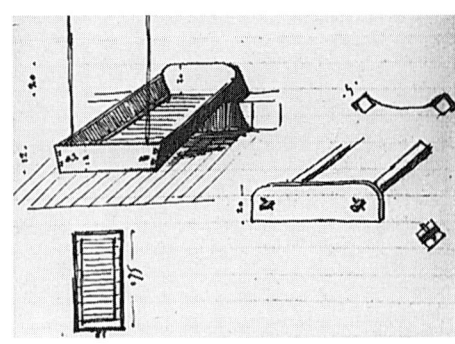

吊り式ベッド

スケッチ帳　Coll. Y. Labrouste

増築計画

　図の左側にある平面図が工事開始前のコロニーの配置状況である。図の上方にあるのは農場の中庭で鳩小屋があり、〔中庭の〕下方左手にあるのは便所である。農場の手前には児童たちのための棟があり、これにラブルーストが手を加えることとなるものである。この既設の建物は二層で両端を翼部としているが、それらはハーフ・ティンバー〔pan de bois〕となっている。円形の囲いでこの居住部分と農場とが隔てられている。

Dessin 1846, Bibl. Nat. Est.

背面ファサード

　サン・フィルマンの牛舎の外観は19世紀の標準的な納屋に似ている。実際、この時期の農家の建築に関する著作（たとえばナルジューによる *Histoire d'une Ferme* [100] に掲げられた見事な図）に見られる円形の張り出し部があり、これの上層は麦打ちのための場所で、下階には《タッラール》〔tarrare〕と呼ぶ麦粉と麩（フスマ）をより分ける古い道具が置かれるものであった。ラブルーストは牛舎ではこの形を階段室を収めるのに用い、これは厩舎と干し草や藁などの置き場とを連絡するもので、従来の簡単な梯子より楽にかつ安全に、5歳から6歳の子供たちでも往き来できるようにした。後の増築により建物は長くなり、またバットレスが取り付けられ、ちょうど対称形をなしている。

撮影 Cl. Malécot

---

100. Félix Narjoux (1836–91), *Histoire d'une Ferme*, Paris 1882. Narjoux はボザールの出身で、ヴィオレ−ル−デュクのもとでリモージュ大聖堂の修復に関わったりしているが、多くの市庁舎や学校などをてがけ、公共建築に関する数多くの計画手引き書や通俗解説書を著している。*Histoire d'une Ferme* は多くの版を重ねた人気の高い著作であったように見える。

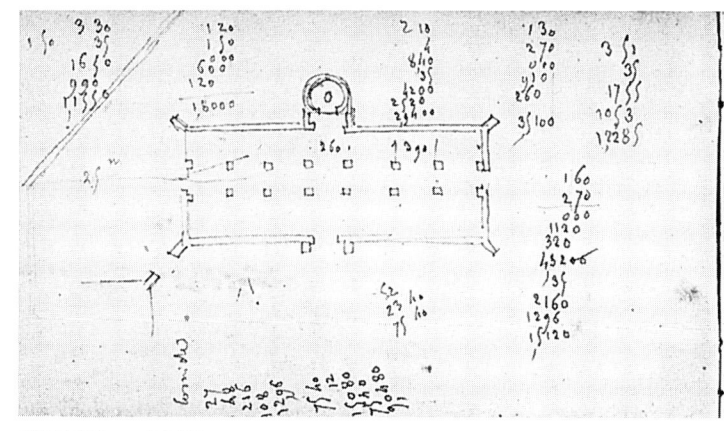

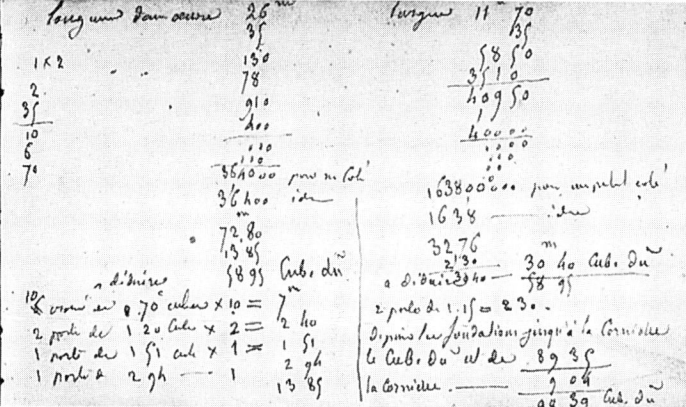

組積造の見積

このスケッチはパリからブルトゥイユ〔Bretuil〕の駅までの鉄道で移動中に作成されたものであることは間違いなく、組積造の《見積》、つまり工事に必要な資材の量を見定め、請負業者の費用分担をはっきりさせるためのものであった。ラブルーストはまず建物の各面について、壁体がすべて平坦で均一な厚さであるとして計算している。そして次ぎにそこから各種開口の体積を減じ、それにコーニスの張り出し分や角柱、バットレスの体積などを加えるという、こうした単純な手続きで最終的に《総量》を割り出している。このスケッチの存在から、写真の建物がラブルーストの手になるものであることが確認できる。

スケッチ帳、Coll. Y. Labrouste

ファサード細部

全体の統一感や純然たる農家風ファサードの性格を損なうことなしに、ラブルーストは三種の伝統的な材料の構造性能やその形式を用いている。木材と石、煉瓦である。納屋上階はハーフ・ティンバーとし、通気のための開口は煉瓦の積み方の工夫で造り出している。〔下層の〕畜舎の方の窓は木の楣を石の持送りで支えるが、この石はそのまま帯状にファサード全体に延びている。この巧みなやり方は、ラブルーストがファサードの構成を基部を長く引き伸ばした上に載るような形としたいという意図を表している。

撮影 Cl. Malécot

堆肥置き場

　この入念に取り付けられたバットレスは、19世紀においてこのいともつましい農家風の建築手法に向けられていた注意のほどを物語るものであり、ここではそれが堆肥置き場を形作っているのだ。シャバの事典[101]では「堆肥づくり」については5頁足らずしか充てられていないが、それには次のような説明がある。《構造壁の理論に沿って考えるなら、堆肥や肥溜めに要する壁の厚さは推測できよう》。

撮影 Cl. Malécot

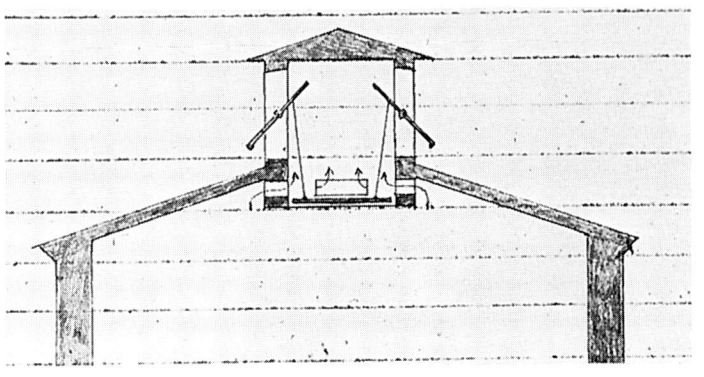

換気装置

　可動の天井板で回転軸に取り付けた格子枠を動かす。

スケッチ帳　Coll. Y. Labrouste

畜舎

Dessin. Bibl. Nat. Est.

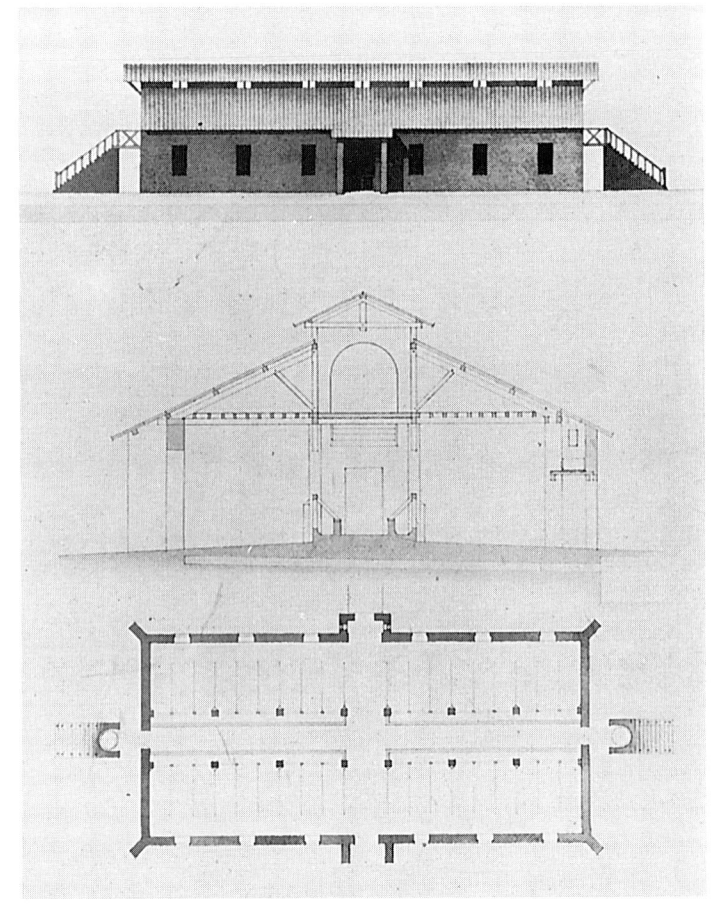

---

101. Pierre Chabat, *Dictionaire des termes employées dans la construction*, Pari 1876 を指すものと思われる。

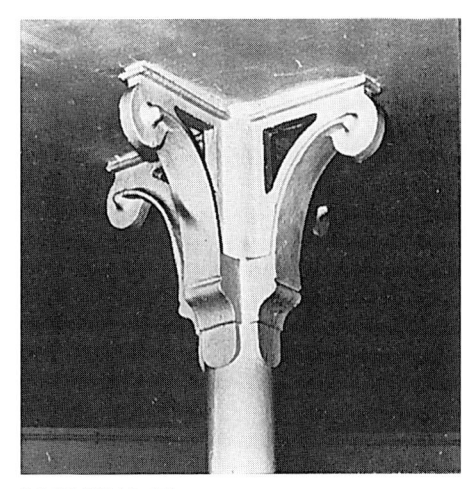

鋳鉄製柱頭
Cliché Inventaire général

レンヌの大神学校
1853-1872 年

　1848 年の革命後から「宗教監督局」〔Direction générale des cultes〕は、各宗教団体の用途に充てられた建造物の維持管理の責任を有しており、有識者による審議会の諮問を仰ぐ必要に迫られた。1848 年 3 月 7 日、「宗教建築審議会」〔Commission des édifices religieux〕が設置され、「文化財保護事業部」〔Service des Monuments Historiques〕の主立った創設メンバーが指名される。デュバン、メリメ、ヴォードワイエ、ヴィオレ-ル-デュク、そしてラブルーストたちである。1853 年、アンリ・ラブルーストはリル-エ-ヴィレーヌ県〔l'Ille-et-Villaine〕の県庁所在地であるレンヌ[102]に新たな神学校を建設する計画を依嘱される。この決定はナポレオンの壮大な計画に基づくフランスの宗教・民事政策に沿って、83 の各地方首府にそれぞれ大神学校を設置するというものであった[(1)]。この事業は地方の技術者たちや自治体の計画責任者たちにとって、新しい都市計画を実施する機会を与えることとなる。ラブルーストも現状の地図やダゲレオタイプ〔銀版写真〕を受け取ると直ちにその地区のための新しい計画のスタディに着手し、二本の街路開設[(2)]と三角形の広場の整備を提案している。ごく小規模ではあったが、都市計画事業への介入としては、この建築家の全業歴の中でも唯一の例である。

　大神学校、すなわち司教区神学校は《若者たちが神学を学び聖職に就くための準備をするための施設》である。従って計画内容は高等教育のための寄宿学校ということになり、チャペルと教師たちの宿舎もそなえるというものであった。1855 年 2 月、ラブルーストは最初の案を提示し、それは 5 月に宗教建築審議会により承認される。司教区付き建築家シャルル・ラングロワ[103]が実施設計担当建築家に指名され 1872 年の竣工まで工事監督に当たる[(3)]。

　その間、1857 年にはラブルーストは司教区建築局の総監督の地位に就いており、これはレオンス・レィノーの辞職により空席となっていたものであった。この肩書きにより、彼はバイユー大聖堂の微妙な問題を孕む工事の監督にも当たることとなるが（工事は 1857-59 と 1866-68 年にかけて行なわれた）、これは中央の塔が崩壊の危険にあったものの修復をめぐる有名な論争の後のことであった[(4)]。鉄道網の創設者の一人であるユージェーヌ・フラシャ[104]が選ばれて、基礎から造り直すというこの大胆な補強策を保証することとなる……。司教区建築局の建築家としての活動として、ラブルーストは 30 件にも及ぶ監督を務め、またトゥールーズ市のための大きな聖堂の建設計画をも作成している。それに加え、この役職は 19 世紀の間は「文化財保護事業部」の建築家のそれと重なり合うことが多く、ラブルーストはその仕事を 1838 年以来引き受けていたのである[(5)]。

(1) ポルタリス報告[105]、1806 年 8 月 12 日。
(2) その一本だけが実現し、現在の rue Robien となっている。
(3) この建物は現在は大学文学部が利用している。
(4) ヴィオレ-ル-デュクとリュプリク-ロベール[106]がその撤去を勧告していたが、市当局はそれは市にとって不名誉なことであるとしていた。
(5) 1838 年から 1843 年までは文化財保護委員会の監理建築家、1848 年から没年まではその委員を務めている。

---

102. Rennes. ブルターニュ地方の第一の都市。大司教区となっている。
103. Charles Langlois (1811-96). 1846 年以後、司教区の建築家に指名されていた。
104. Eugène Flachat (1892-73), 鉄道技師として、サン-ラザール駅や東駅など多くの鉄骨造 建築を手がける。彼がバイユー大聖堂の工事に関わるのは 1857-58 年のことである。
105. *Rapport de Portalis*. 啓蒙主義時代の代表的法律家 Jean-Etienne-Marie Portalis (1746-1807) が宗教省大臣としてナポレオンに答申した報告書。
106. Victor Ruprich Robert (1820-87). 1840 年から Monuments Historiques の建築家となっていた。1848 年からはバイユー司教区の建築家として大聖堂の修復に関わっていた。

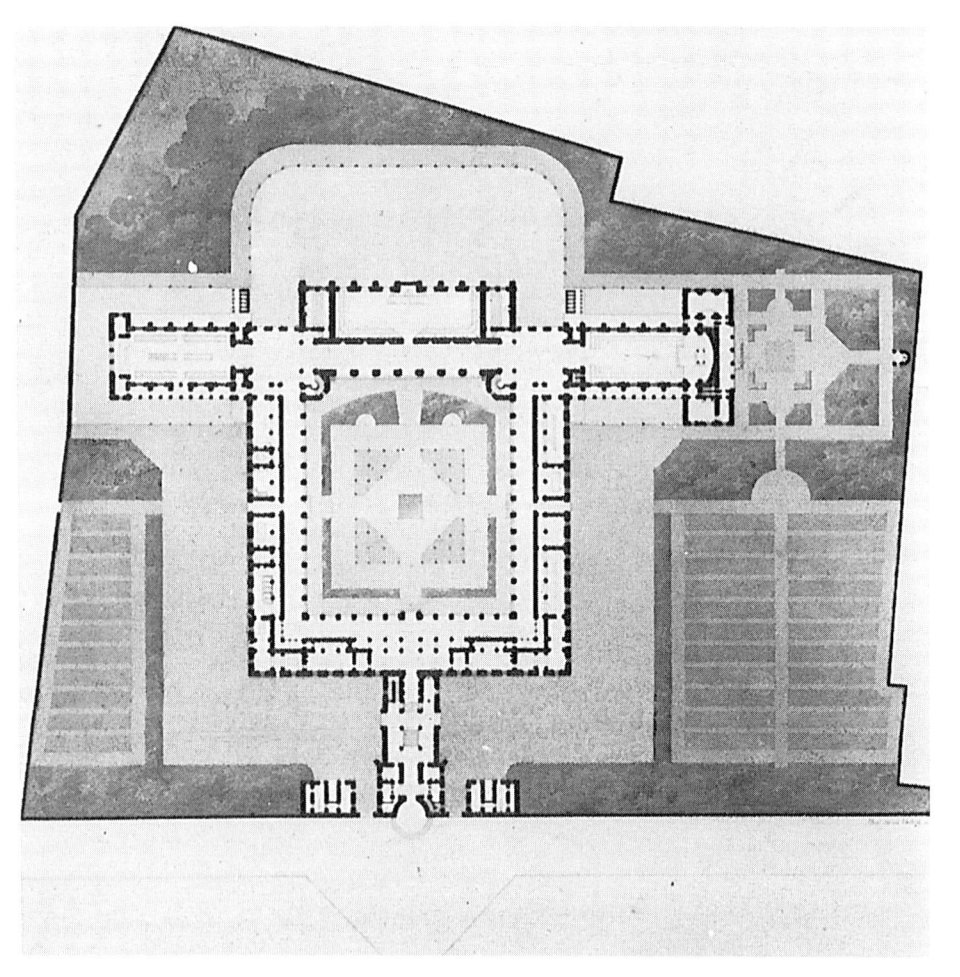

第一案

　第一案は中央の回廊の周りに三つの高い建物を配するというもので、それらの一階部分は教室、上層は寄宿舎となっている。〔回廊の〕奥の部分には大きな作業室があり、それに長い両翼が取り付く。右の翼部はチャペルと祈りの庭である。左は大修道院のそれのような堂々たる食堂となる。これら三つの主要な棟の間には回廊とつながる前室があり、またそれらの間は長い遊歩廊で結ばれている。〔遊歩廊の〕入り隅には二つの階段室の塔が前室の空間輪郭を強力に縁取り、また高い棟と低い棟との間の区切りとなっている。この計画案では現代で言うところの《出会いの場》の空間が際立って重視されている。

Dessin 1855. Bibl. Nat. Est.

第二案〔次ページ左〕

　宗教省〔Ministère des Cultes〕はより経済的な第二案の作成を要求した。寄宿舎と教室は当初からその機能に沿って規模が定められていて変更はできないため、ラブルーストは《出会いの場》を節約することでその要請に応えなければならず、それらをやや縮小したような形で我慢することとなった。チャペルは軸線上に置き換えられ、縮小された体育室と食堂の間にあり、食堂には中庭と倉庫が取り付く。遊歩廊はギャラリーと同じ幅に修正され、相変わらず二つの階段室によって回廊からは切り離されているが、階段室の塔はただの分厚い壁になってしまっている。

Dessin 1855. Bibl. Nat. Est.

実施案〔次ページ右上〕

　この計画の最終段階では、倉庫と厨房中庭は取り除かれ、反対側の棟端部に移されているが、入口は当初案と変わらず庭に向かって開いている。グァデは次のように言っている、《回廊奥にある建物は、……平面図にはそのように描かれているものだが、一層分の高さしかないため、体育館や建物群は、想像以上に風通しが良くなっている》。

J. Guadet, *Eléments et Théories de l'Architecture*, T. 2, p. 247, fig. 667 による。

中庭回廊のギャラリィ
Cliché Inventaire générale

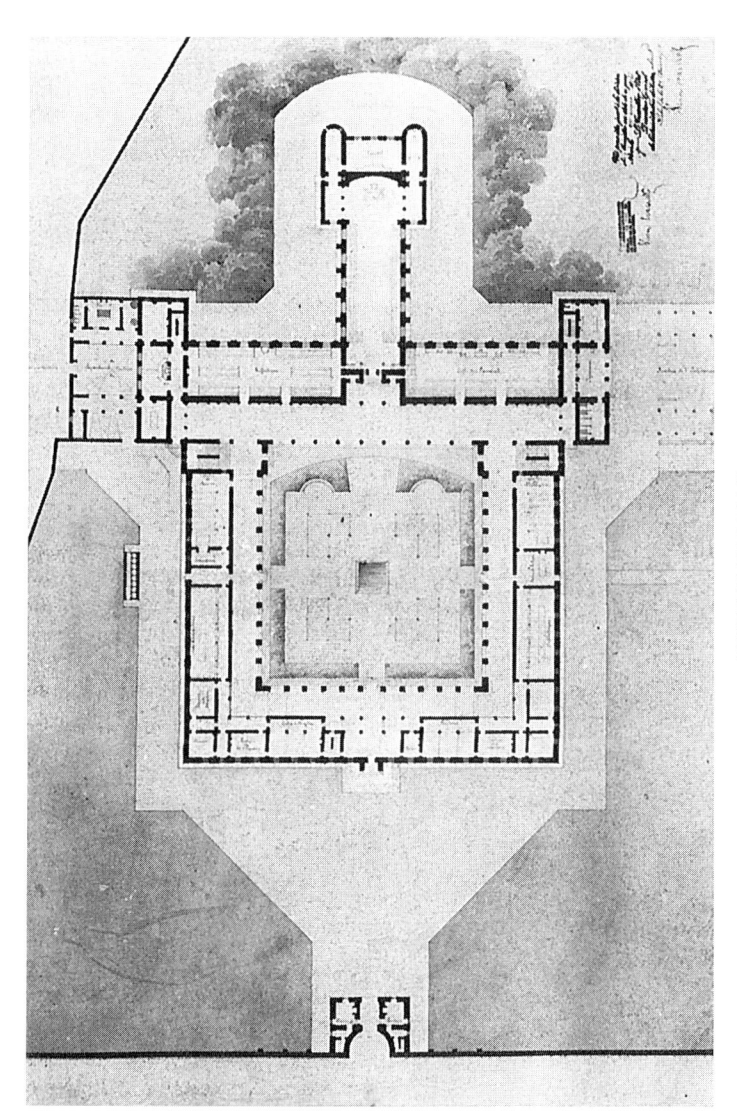

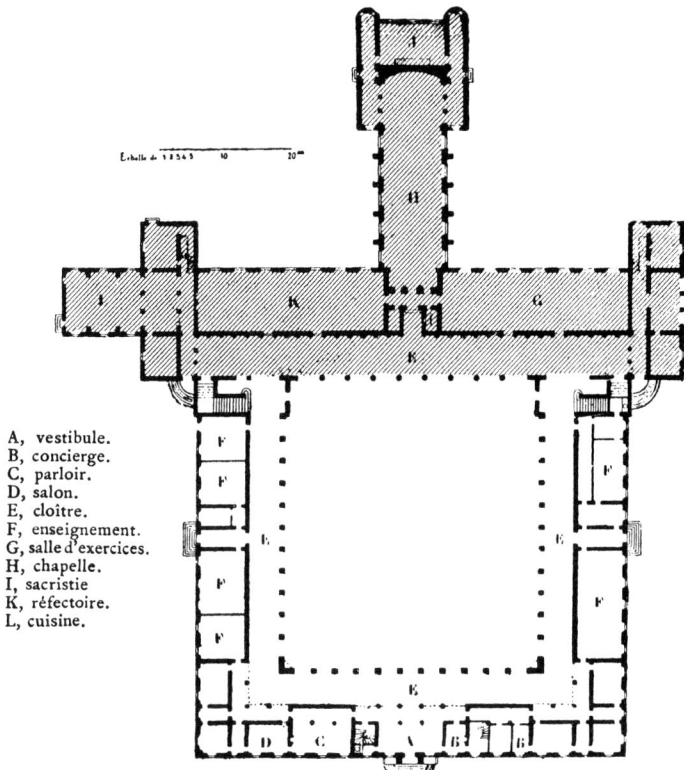

Fig. 664. — Plan du grand séminaire de Rennes.

(Les bâtiments hachurés ne s'élèvent qu'à rez-de-chaussée.)

（網かけ部分は一階分だけの高さ）

上図の室名

A. 玄関ホール　　E. 回廊　　　I. 聖器室
B. 守衛室　　　　F. 講義室　　K. 食堂
C. 面会所　　　　G. 作業室　　L. 厨房
D. 応接室　　　　H. 礼拝堂

入り隅の手法

この処理法はロマネスク建築のスクィンチ・アーチを想わせるものがあるが、これは〔上層の〕回廊角部を占める教師のための部屋の壁を支えている。

Cliché Inventaire général

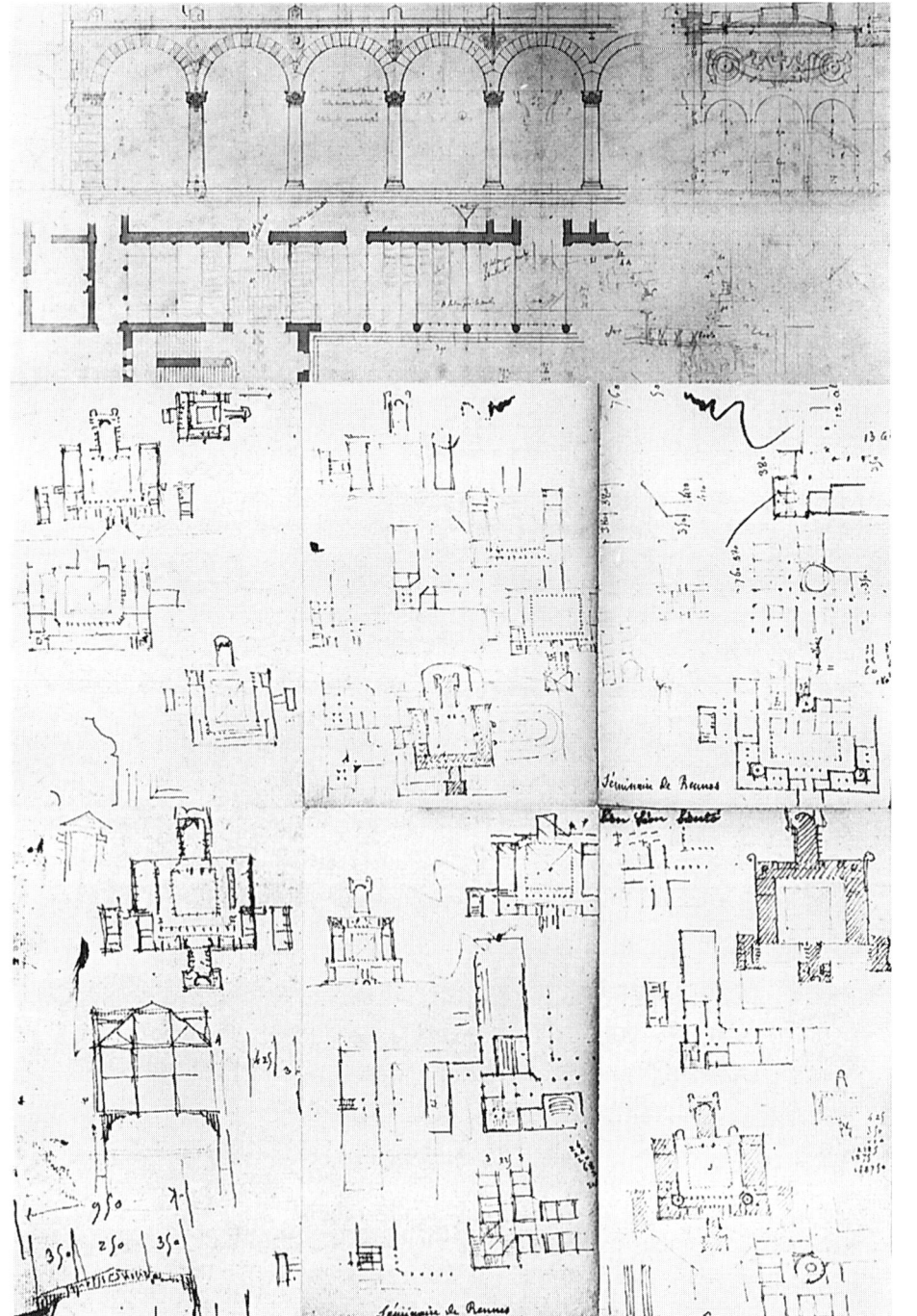

回廊のポルティコ

Dessin. Bibl. Nat. Est.

スタディ図

　このスケッチは建築家の関心のありかを示している。建物の入り隅を固めるように階段を配置することや二つのタイプの周回方式を重ね合わせる方法、つまり一階ではギャラリー式の回廊とし、上層では中廊下とするなど。

スケッチ帳、Coll. Y. Labrouste

便所

　衛生設備は設備ダクトの周りに扇形に配置されており、ダクトは壁の入り隅に各種配管をまとめている。

Dessin. Bibl. Nat. Est.

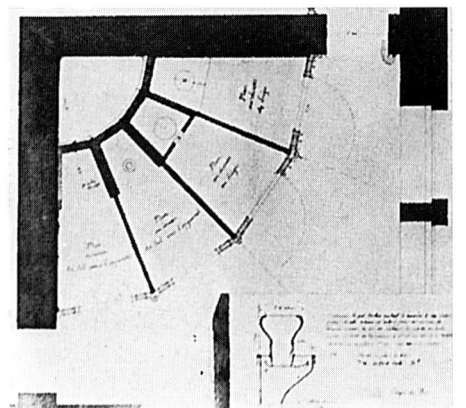

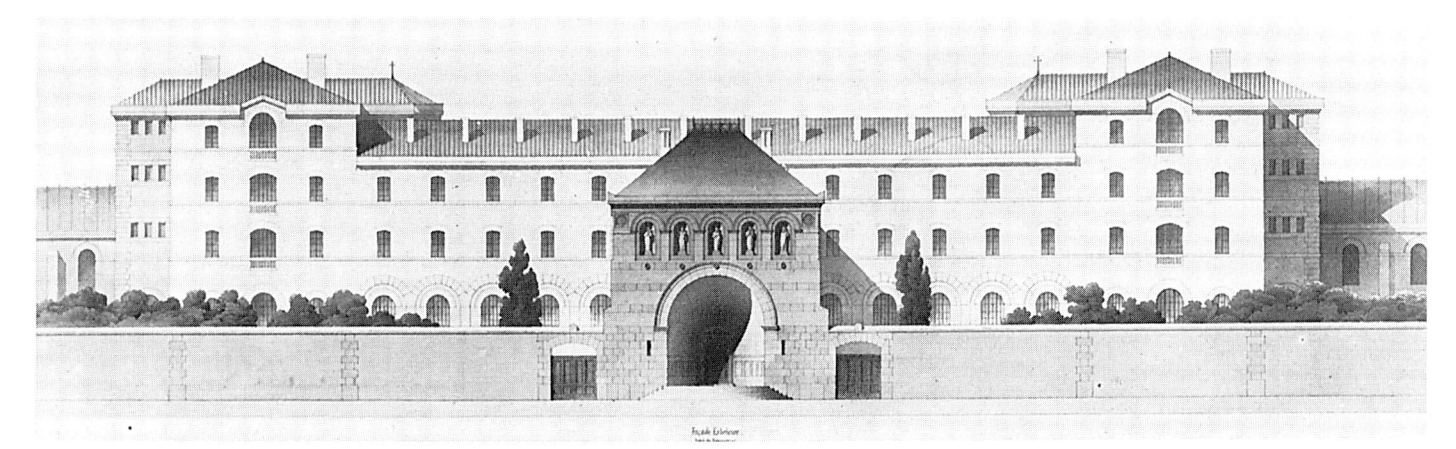

街路側ファサード

Dessin 1856. Bibl. Nat. Est.

立面図と断面図

Dessin 1855. Bibl. Nat. Est.

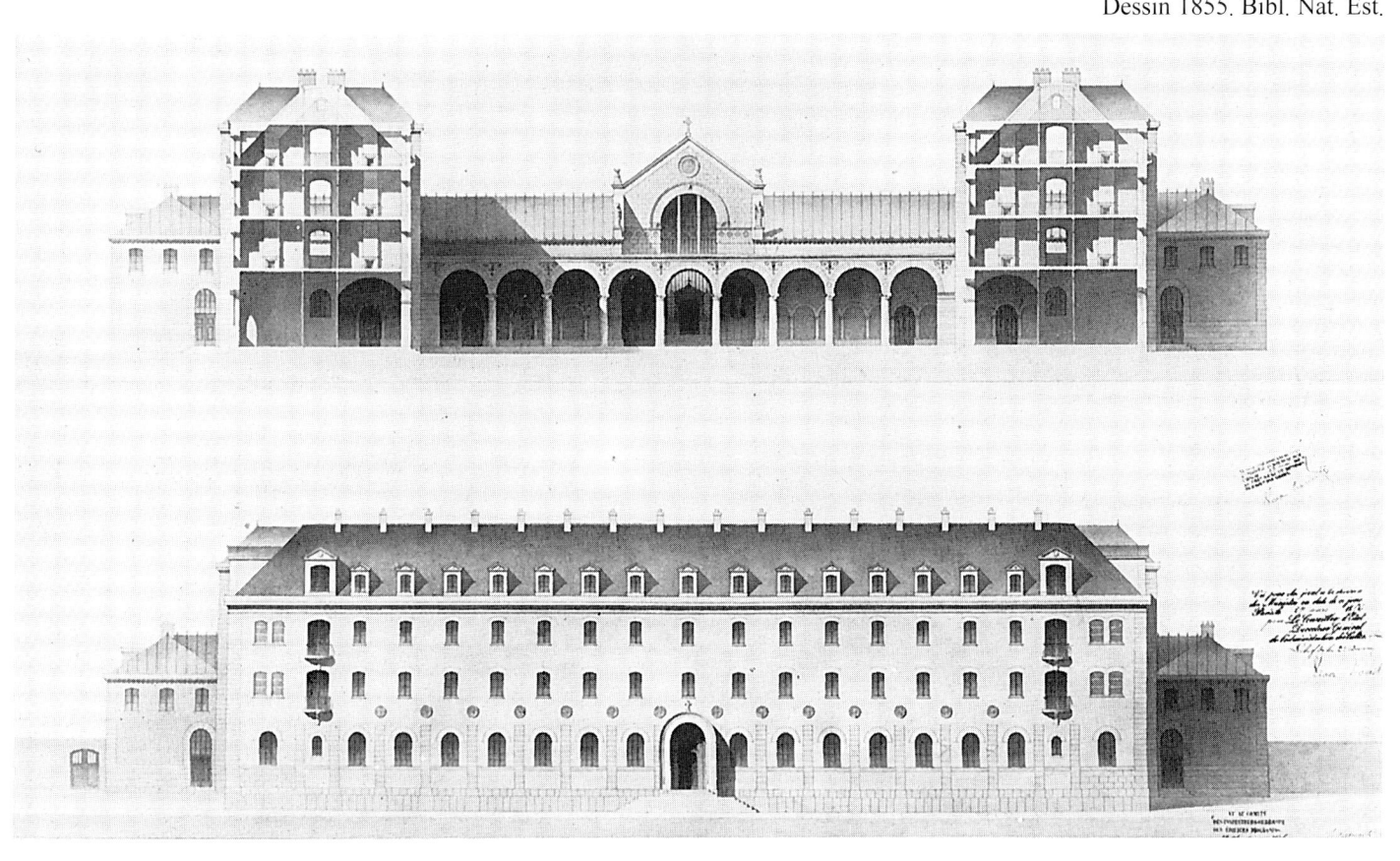

オテル・ド・ヴィルグリュイ
ファサード展開図

Dessin. Coll. Malcotte

オテル・ド・ヴィルグリュイ
〔Hôtel de Vilgruy〕

1865 年

　《私はこれまで、建築家にとって財をなすための唯一の機会である個人の作事には全く関わったことがありません》、ラブルーストは 1838 年にそのように書いている[1]。この自己確認の苦々しさが薄められるような機会は、ごく希にしか訪れなかった。1858 年の銀行家ルイ・フルドの邸宅、1860 年のヴィッラ・トゥーレ[2]、そして 1865 年のフランソワ一世広場に造られたオテル・ド・ヴィルグリュイである。

　フランソワ一世地区は、1823 年に開発業者のコンスタンタン〔Auguste Constantin, 1792-1840〕により開発された高級住宅地である[107]。事業は小分けした庭なしの地所を賃貸とするものであった。フランソワ一世広場は現在よりももっと広く、英国風の「スクエア」を手本とし、そこに面する地所占有者たちに共用の庭園を提供するものであった。「ロン・ポワン」〔rond point〕という名称は、19 世紀には昔からあった高い彫像などの周りの半円形の場所を指すものと考えられていた。聖堂や宮殿などの本体の前にあるものである。フランソワ一世の「ロン・ポワン」は従って、そこに面するオテル群がそれぞれに庭園の奥に貴族の邸宅があるようなイメージを想起させることとなる。ラブルーストは周到な分析から主玄関は隣接する街路の方に押しやり、ロン・ポワンは庭に面するファサードを展開する場として用いるが、そのファサードの張り出しは 18 世紀イタリアの中央広間の手法を想わせる。大階段を〔建物の〕端に持ってきたことで各室の繋がり方の序列を大切にすることができた。前室、小広間、大広間、主人の居間という順序である。これはその組み立て図式の点でもまた格式表現からしても最新の手法であった。その格式表現は装飾にもある種の奇想を盛り込むことを可能にしており、ここではそれはポンペイの壁画から着想を得ている。壁の入り隅や袖壁、ストーヴの形の温風吹き出し装置など〔の装飾〕[3]は、国立図書館でとられた手法を想起させる。これに対し翼部は子供たちや家庭教師の部屋に充てられている。

(1) アンリ・ラブルースト。エコール・ポリテクニクの建築学科教員応募のための書簡。1838 年。
(2) ベリ通りのオテル・フルド〔Hôtel Fould à rue Berry〕は最近取り壊された。ヌイィのブールドン大通り 68 番地のヴィッラ・トゥーレ〔Villa Touret, 68 bourbard Bourdon à Neuilly. p. 73 では Hôtel と記されているが、同一建物であろう〕は現存しているが改造されている。
(3) これは現在はなくなっている。

---

107. Quartier François Ier はパリ第 8 区でシャンゼリゼの南（グラン・パレのすぐそば）に位置する。この名称は事業主であったナポレオン軍麾下の士官の Braque という人物が、愛人であった女優に贈るべく他所にあったフランソワ一世時代の建物をそこに移築していたことによるとされる（その建物は現在はもとあった場所に戻されている）。

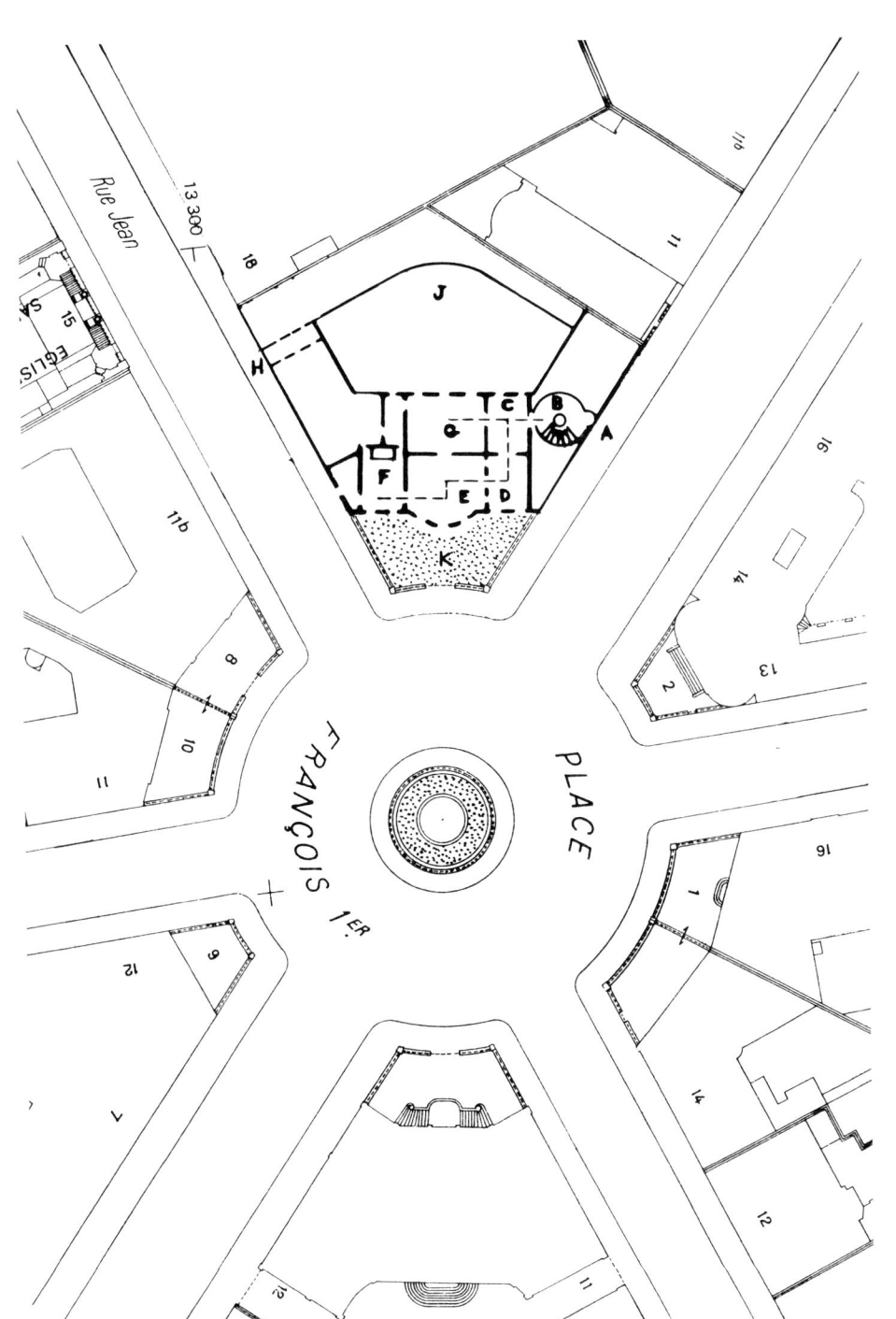

撮影 Etienne Revault
et Jacques Musy

オテル・ド・ヴィルグリュィ

A. 主玄関、フランソワ一世通り9番地
B. 大階段
　公的諸室〔Suite aristocratique〕
　　C. 前室
　　D. 小広間
　　E. 大広間
　　F. 居間
G. 食堂
H. 勝手口、ジャン・グージョン通り16番地
J. 共用中庭
K. 庭園

アンリ・ラブルーストのスケッチからのP. サディによる模写

71

食堂扉

　古典主義の原則からすればこの種の装飾は、アカデミーによってウィトルウィウスの記述を引き合いにして非難されていたものである。《ポンペイで一般的に用いられている壁画は、ヴィッラ全体に描かれているといってよいほどのものである。それらの構図に見られる趣向は今日では「アラベスク」と呼ばれているものだが、ウィトルウィウスが推奨しているところのものとは反する》。

　カトルメール・ド・カンシィ、「建築史事典」〔*Dictionaire Historique d'Architecture*〕, Paris 1832,「美術、ポンペイ」。

撮影 Pierre Dumoulin

オテル・フルド〔Hôtel Fould〕

1856年から1858年にかけて、パリのベリィ通り28番地に建設されたが、このオテルは近年取り壊された。二世帯用の住居でルイ・フルドと娘婿のジベールのためのものであった。

Dessin. Bibl. Nat. Est.

オテル・トゥーレ〔Hôtel Thouret〕

このオテルはヌイィ-シュル-セーヌのブールドン大通り68番地に1860年に建設された。グランド・ジャットの島と向かい合っているが、現在は2mの高さまで土に埋もれている。

オテル・ルーヴナ〔Hôtel Rouvenat〕

1861年、ヌイィ-シュル-セーヌ〔トゥーレの妻の実家〕

Dessin. Coll. Y. Labrouste

Viollet-le-Duc et Narjoux, *Habitations modernes*, 1875-18879, pl. 38 à 40.

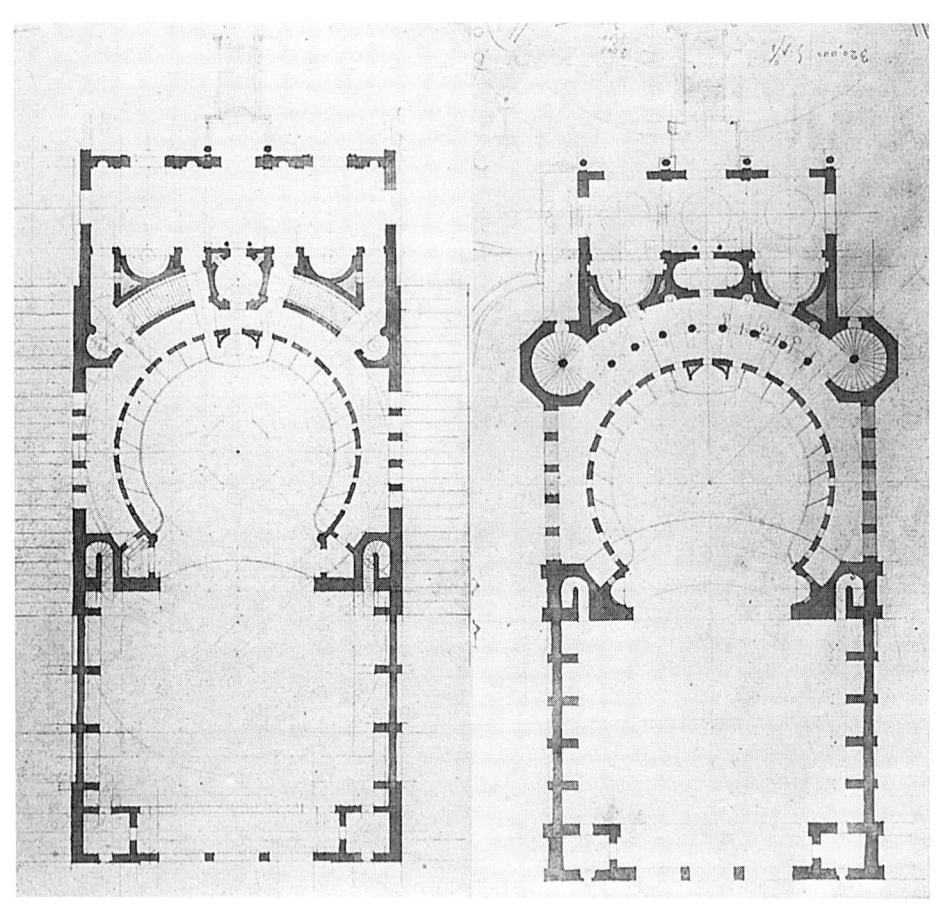

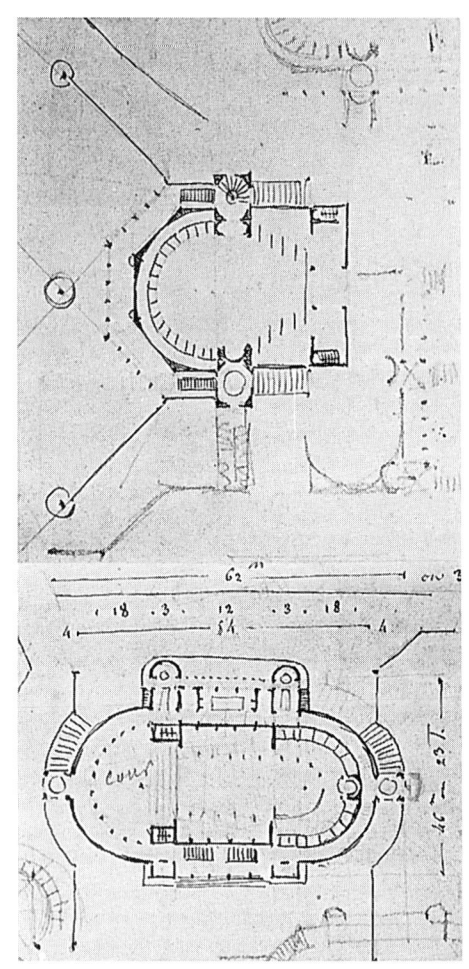

Dessin, Coll, Malcotte

ブカレストの劇場
1843-1845 年

　この劇場の計画について遺っているものは、スタディのスケッチとワラキア[108]の政府との連絡文書だけである。ラブルーストは設計図一式を作成していて、そのオリジナルを 1844 年の春にはルーマニアに送ってしまっていたものらしい。1845 年 3 月 15 日の書簡では、ラブルーストは現地での工事監督を、M. メリク[109] というかつての教え子でその地で開業していた人物に委ねるよう示唆している。《ブカレストの上流階級の風習に合わせることや土地の材料の使用を要求されるなどのことから、計画変更があり得るが、それらの変更もこの「大建築の効果」に影響を及ぼさないように、計画自体と調和するようでなければならない》。この計画は最終的には実現することなく、ブカレストの劇場の建設はヴィーンの建築家でこの種の計画のスペシァリストとされていたフェルディナンド・フェルネル[110]に委ねられた。ラブルーストのルーマニアにおける活動としては、M. ド・ミルベィの個人邸宅の中の小規模の改修だけで終わっている。その外部階段の建造はプレ・ファブの材料でパリのカッラの鋳造工房で作製されたものが用いられた。

　ブカレストのスタディからは、建物角の塔で構造を固めることに終始注意が払われていたことが見てとれる。階段の様々な方式は劇場の無数のタイプのスタディによるものと見られるが、それらは 19 世紀を通じて出版され続けていたものである。円形に囲ったオーディ平面や舞台の開口をその直径の 4 分の 3 とするのは、伝統的な方式に則ったのものである。

---

108. Wallachia (Valahia). ルーマニア南部の地方名で、1881 年にモルダヴィアやトランシルヴァニアなどと併合してルーマニア王国が成立するまで独立した国となっていた。

109. メリク M. Mélik　経歴不詳であるが、一世代後に活躍した建築家・政治家で Ian Mire Mélik (1840-89) という人物がおり、おそらくその父と思われる。

110. ブカレストの国立劇場 Teatrul Natjonal "Ion Luca Caragiale" Bucureşti は 1846 年からヴィーンの建築家 Anton Hefft (1815-1900) の計画によって建設開始とされとおり（その代表作の一つとされている）、Ferdinand Fellner という建築家（同名の父子がいる。父 1815-71、子 1847-1916）が関わったということは確認できなかった。この劇場は 1852 年に完成したが、1944 に戦火に遭い焼失した。

国立図書館 1854-1875 年

　帝室図書館は膨れあがっており、革命時に亡命した貴族たちや宗教団体などから没収した蔵書であるところの《納付本》の中から厳選された 300 000 冊を擁していた。書籍を納付させる法制度の強化は書籍の流入を促したが、それ以上に重要なのが新しい印刷技術によって刊行物の量が増したことであった。蔵書数は 1851 年には 800 000 冊を数え（1688 年には 43 000 冊であった）、それぞれロベール・ド・コット〔Robert de Cotte, 1656-1735〕やティリオ〔Jean Thiriot, 1590-1649〕、フランソワ・マンサール〔François Mansart, 1598-1666〕らの建築家たちの手になる離ればなれの館に窮屈に収められていたものを、その後になって一つの図書館にまとめるとますます不便なものとなっていた。18 世紀末になって、一連の計画案が延々と提起されるのであるが、それらは政治や統治機構の急変の犠牲となってしまう。それらの作者にはブレーやジゾール〔Alphonse de Gisor, 1796-1866〕、ペイル〔Marie Joseph Peyre, 1730-85〕、フォンテーヌ〔Pierre Fontaine, 1762-1853〕、ドラノワ〔François-Jacques Delannoy, 1755-1835〕、ヴィスコンティ、ガルノー〔Antoine Martin Garnaud, 1796-1861〕、オロー〔Hector Horeau, 1801-72〕、等々が名を連ねる。彼らはてんでに現地での改築や新しい場所の選択（キャプシーヌの修道院、学士院の建物、等々）、あるいは既存の建物への移転（マドレーヌ聖堂、オデオン劇場、ルーヴル宮など）を提案していた。

　1845 年にはレオン・ド・ラボルドが《パリの図書館の編成について》と題するパンフレットを公表する。彼は 1851 年にヴィスコンティが最新の計画で提案していた敷地での再建案を提案する。この試案の発表は新しい図書館の企画立案を行なう委員会の選出に決定的な役割を果たした。そして《ブロックの独立性〔insularité〕》、つまり火災延焼から守るための独立性は、既存建物と昔ながらの街区のつなぎの役割を果たしていたヌヴェールのアーケード[111]を除却することで確保されることとなった。実際ロベール・ド・コットの建物の老朽化がこの歴史的建造物の性格に水を差していたのであり、そこでラボルドの次のような発言がなされたのであった、《アーケードとカビネ・デ・メダィユ〔Cabinet des Médailles〕の小さな建物の除却によってコルベール通りが解放させるであろうし、それらは勉学と知のための隠棲所にはふさわしくない俗悪な場所の雰囲気に満ちている》。計画上の制約から課せられたこの取り壊しは、後にラブルーストにその責めが負わされることとなる。

　1854 年のヴィスコンティの死によって、ラブルーストが帝室図書館の建築家に指名され、工事事務所がオテル・ド・ヌヴェールの跡地に設けられることとなる。工事の進捗は、《図書館業務を妨げないようにするために絶えず生じてくる問題や古い建物の除却に応じて蔵書を順序よく移管できるようにするといった問題のただ中で、いわば一歩一歩進められた》[(1)]。ラブルーストはその合間を利用して管理棟となるオテル・テュブフ[112]の方の修復にかかり、また 5 年間をかけて新しい建物の設計を注意深く修正していた。1859 年に計画案が受理されてから、工事は 1873 年まで続くこととなった。リシュリュー通り角のロトンダや中央の書庫、閲覧室などの着工は 1867 年で、スクワール・ルーヴォワ〔Square Louvois〕[113]に面する入口のファサードは 1873 年に竣工した。その工事期間中もラブルーストは、公共事業省が新しい建築的傾向を体現するものとして 1873 年のヴィーンの万国博や 1874 年のロンドン万国博に公開することを選んだ増築案の作成に携わっている。

　ラブルーストの建物は竣工するや否や、事実上あらゆる批判の的となり、建築家たちはもとよりエンジニアや芸術家たちからも浴びせられることとなる。エンジニアのオッペルマン[114]の評価は《それは見かけ上、現代建築がかくも長い間用いられてきたギリシア=ローマ風の常套手法から脱出しおおせたように見せかけているだけだ。実際のところは鉄と組積石造の混成物にすぎず、それに磁器やら陶器やら、様々な他の金属や考え得るかぎりの材料を寄せ集めたものであり、これはまさしく今日の美術の傾向を体現するものと言える》[(2)]。20 世紀初頭には、彫刻家のレイモン・デュシャン-ヴィヨン[115]が次のように叫ぶこととなる。《見よ、この書物の殿堂の中では、直立する円柱群がヴォールトの下でその溝彫りの表皮を花開かせ、無造作に小綺麗なアーチを支えている……。こうした誤りを理解できないような者たちの間に交じって通りを歩かなければならないとは、なんたる苦痛であることか》[(3)]。

(1) レオン・ラブルースト、"Bibliothèque Nationale", *R. G. A.*, tome 35, 1878, p. 148.
(2) C. A. Oppermann, "Nouvelle salle de lecture de la Bibliothèque impériale", *Nouvelles annales de la constructuion*, T 15, 1869, p. 3.
(3) R. Duchamp-Villon, *Poème et Drame*, janvier-mars 1914.

---

111. Arcade de Nevers — Hôtel Nevers はコルベール通りとリシュリュー通りの角を占めていた建物で、1646 年にマザランがル・ミュエ Pierre le Muet (1591-1669) に命じて造らせた邸宅で、その後リシュリューの甥のヌヴェール公の邸宅となったためにこの名がある。コルベール通りの北側にまで屋敷は広がっていたが、1683 年にコルベール通りを通すため、ロベール・ド・コットがそこをまたぐアーケードを造っていた。現在はその北側の一部だけが遺っている。なお、プティシャン-リシュリュー-コルベール-ヴィヴィエンヌの各通りに囲まれたこのブロックは "Quadrilatère Richelieu"（リシュリューの四角いブロック）と呼ばれている。
112. Hôtel Tubeuf はヴィヴィエンヌ通りとプティ-シャン通りとの角を占める建物で、かつては北のオテル・ヌヴェールと接していた。1641 年におそらく建築家ティリオにより建設されたとされる。
113. Square Louvois — リシュリュー通り西側のかつてオペラ座があった場所に 1839 年に造られた広場。
114. オッペルマン Charles Alfred Oppermann (1830-81) は土木学校出身の技術者。
115. Raymond Duchamp-Villon (1876-1918) は有名なマルセル・デユシャンの兄。

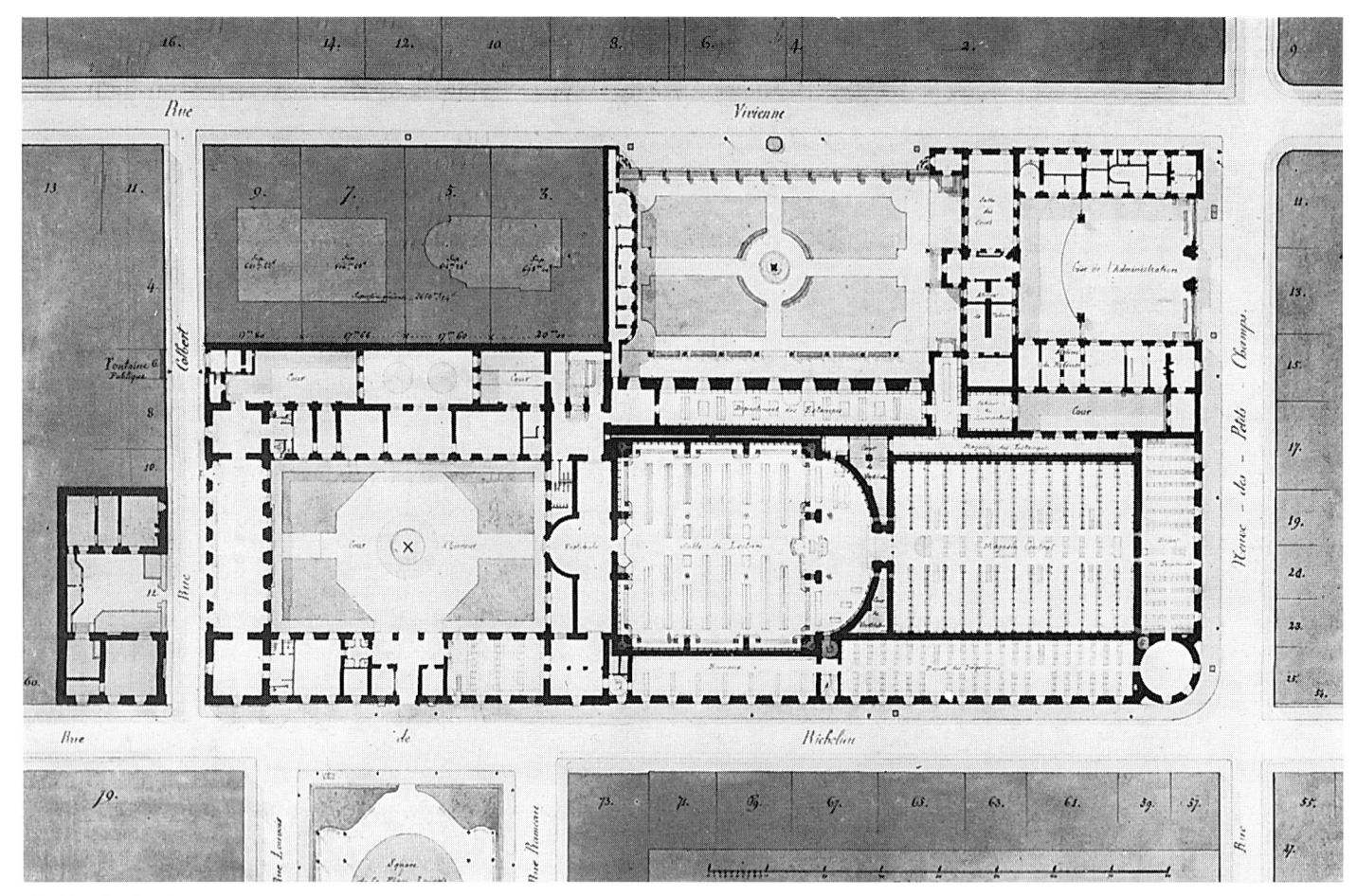

全体平面図　Dessin. Bibl. Nat

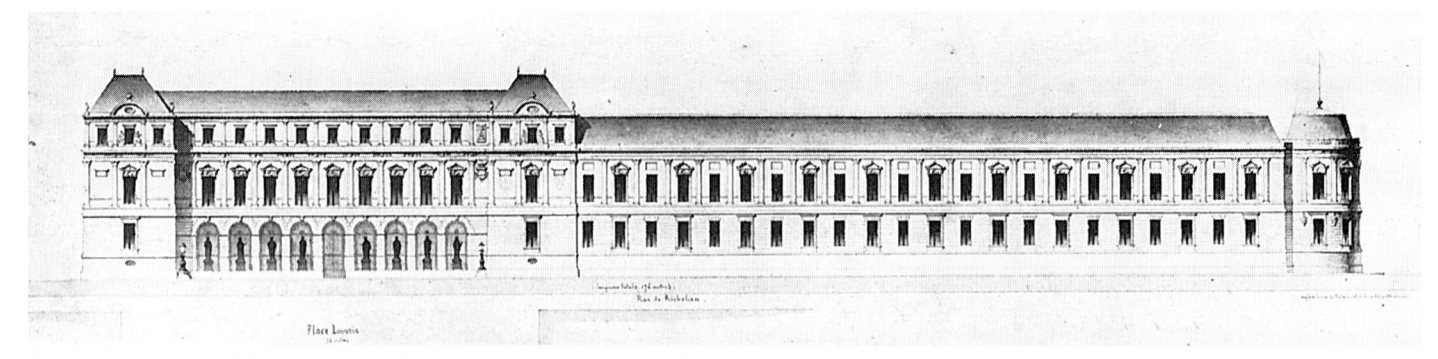

〔リシュリュー通りのファサード　Dessin. Bibl. Nat〕

〔次頁の平面模式図の室名・用途・担当建築家〕

　書き込まれている用途や建築家名は1977年以前でのデータを示したもの。2007年にセーヌ左岸に新国立図書館が建設され、この一郭は美術・演劇関係書籍・地図・メダルなどの資料収蔵展示施設として、2011年から大改修が行われており、内容は一変することとなる。

A: ヴィヴィエンヌの庭園
B1: オテル・テュブフ、ティリオ、1635年開始。ルー-スピス Michel Roux-Spitz (1888-1957) が改装、地図類、1942-54／B2:（改装なし？）／B3: 版画 1938-46／B4: 前庭／B5:（増築？）版画 ルー-スピス、1938-46／C:「ガルリ・マンサール」、フランソワ・マンサール、1645、展示及び修復工房：地下、ルー-スピス、1947；屋根裏、シャトラン Chatelin（経歴不詳）、1977
D: 大閲覧室、ラブルースト、1857-67；地下、目録室、ルー-スピス、1936-38／D1: 入口とGBN（電子化カタログ）、ラブルースト、1857-67；地下、ルー-スピス、1936-38／D2: シャトラン、1977
E: 中央書庫、ラブルースト、1857-67；地下及び屋上増築、ルー-スピス、1954-59
F1: 書籍、ラブルースト、1859／F2: 入口、書籍、ラブルースト、1857-67／F3:「ロトンダ」（ヴォルテール記念室）、ラブルースト、1857
G: オテル・ド・ヌヴェールの一部、ロベール・ド・コットと息子のジュール Jules R. de Cotte (1683-1767)、1731年開始。手稿、管理事務室：屋根構造、シャトラン、1965／G2: 手稿、管理事務室。ジュール・R. de Cotte、1739年開始、パスカル Jean-Louis Pascal (1837-1920) が改築、1878-81；一階及び地下、シャトラン、1956-71；中二階、シャトラン、1967／H: 前庭
J: 書籍、納本受付、ラブルースト、1857-67；中二階、シャトラン、1960
K1: コルベールの屋敷跡、手稿、定期刊行物。パスカル、1878-81／K2:「楕円形閲覧室」、定期刊行物、パスカルとレクーラ Alfred Recoura (1864-1940)、1906-36／K3: メダル類・定期刊行物、パスカルとレクーラ、1906-17／K4: メダル類・定期刊行物、パスカルとレクーラ、1906-17；中二階、シャトラン、1955；屋根構造、シャトラン、1974／K5: シャトラン、1962

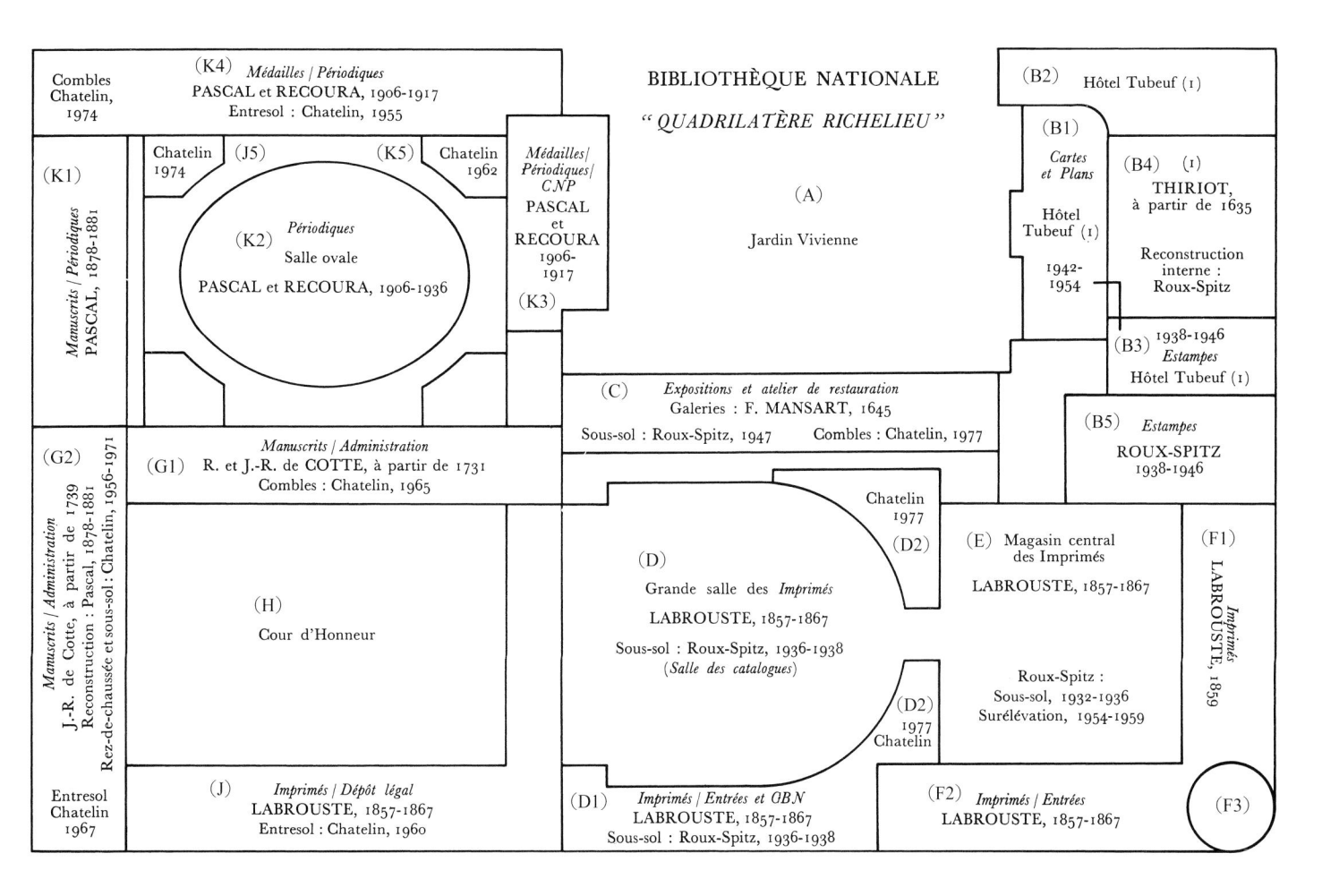

BIBLIOTHÈQUE NATIONALE "QUADRILATÈRE RICHELIEU"

(A)	Jardin Vivienne
(B1)	Cartes et Plans — Hôtel Tubeuf (1), 1942-1954
(B2)	Hôtel Tubeuf (1)
(B3)	1938-1946 Estampes — Hôtel Tubeuf (1)
(B4)	(1) THIRIOT, à partir de 1635 / Reconstruction interne : Roux-Spitz
(B5)	Estampes ROUX-SPITZ, 1938-1946
(C)	Expositions et atelier de restauration — Galeries : F. MANSART, 1645 / Sous-sol : Roux-Spitz, 1947 / Combles : Chatelin, 1977
(D)	Grande salle des Imprimés LABROUSTE, 1857-1867 / Sous-sol : Roux-Spitz, 1936-1938 (Salle des catalogues)
(D1)	Imprimés / Entrées et O.B.N. LABROUSTE, 1857-1867 / Sous-sol : Roux-Spitz, 1936-1938
(D2)	Chatelin 1977
(E)	Magasin central des Imprimés LABROUSTE, 1857-1867 / Roux-Spitz : Sous-sol, 1932-1936, Surélévation, 1954-1959
(F1)	Imprimés LABROUSTE, 1859
(F2)	Imprimés / Entrées LABROUSTE, 1857-1867
(F3)	—
(G1)	Manuscrits / Administration R. et J.-R. de COTTE, à partir de 1731 / Combles : Chatelin, 1965
(G2)	Manuscrits / Administration J.-R. de Cotte, à partir de 1739 / Reconstruction : Pascal, 1878-1881 / Rez-de-chaussée et sous-sol : Chatelin, 1956-1971 / Entresol Chatelin 1967
(H)	Cour d'Honneur
(J)	Imprimés / Dépôt légal LABROUSTE, 1857-1867 / Entresol : Chatelin, 1960
(J5)	Chatelin 1974
(K1)	Manuscrits / Périodiques PASCAL, 1878-1881 / Combles Chatelin, 1974
(K2)	Périodiques Salle ovale PASCAL et RECOURA, 1906-1936
(K3)	Médailles / Périodiques / C.N.P. PASCAL et RECOURA, 1906-1917
(K4)	Médailles / Périodiques PASCAL et RECOURA, 1906-1917 / Entresol : Chatelin, 1955
(K5)	Chatelin 1962

リシュリュー通りのファサード〔前頁下の立面図〕

〔前頁下の立面図の〕左部分は中庭広場への入口の初期案で、レオン・ラブルーストはこれについて *Revue Générale de l'Architecture* で次のように説明している。《建築家はルーヴォワ広場側の初層を開放的なアーケードとしグリルでふさぐ形にしたいと望んだ。そのアーケードは彫像や記念的な彫刻で飾り、中庭広場へのアクセスや、建物内部、広場からの眺めなどを楽しいものにしようとしたものであった。図書館長はこのアーケードを取りやめるよう要請し、それは彼によれば蔵品の安全性への懸念があるからで、アーケードはただの平坦な壁に取り替えられた》。

右手の長い棟は大閲覧室と書籍収蔵庫をその内側に包み隠しており、これについてラブルーストは *Monde Illustré* 誌で次のように説明している。《書籍を収めたギャラリーは、リシュリュー通りやプティ・シャン通り、コルベール通りなどから採光するものだが、よってそれらが中央にある大閲覧室を完全に取り囲んでおり、これによって周辺街路の騒音から守られることとなっている》*。角には円形の広間があってヴォルテールの心臓とウードンによるその作家の石膏像を安置している。《おそらくパヴィヨン・ド・アノーヴル[116]が二つの街路の角にロトンダを配するという着想を建築家たちに与えたのであって、ラブルーストの国立図書館やラプランシュのボン・マルシェ[117]、アンリ・ブロンデルのオペラ座通りへの入口のビルディング[118]などがそれである》**。

* アンリ・ラブルースト、「*Monde Illustré* 誌所収の帝室図書館の新閲覧室の図への注記」、1867 年。
** L. オートクェール、*Histoire de l'architecture classique en France*, T. VII, p. 167. アンリ・ブロンデルはラブルーストの教え子であった。

Dessin. 1859. Bibl. Nat. Est.

〔上の平面模式図〕

Bulletin de la Bibliothèque Nationale, 1977, N. 2, p. 52

---

116. Pavilion de Hanovre — パリ第 2 区のかつての Rue Neuve-Saint-Augustin（現 Boulevard des Italiens）に面していた建物で、1758/60 年に marechal Richelieu が建築家 Jean Michel Chevotet (1698-1772) に命じて造らせたもの。1932 年に Boulevard の建設のため Parc de Sceaux に移設された。
117. Alexandre Laplanche (1839-1910). パリにおける初期の百貨店として有名な Bon Marché (1869) の建築家。Louis-Charles Boileau, 1837-1914 の後を引き継ぐ。
118. Henri Blondel (1821-97) はオースマンのパリ改造で多くの建物を手がけた建築家。「オペラ座通りへの入口の建物」というのは、彼が 1869 年に手がけた Hôtel de la Caisse を指すものと見られる。

スクワール・ルーヴォワ〔ルーヴォワ広場〕

　玄関棟は最終段階の 1873 年に施工されたため、この間に図書館長側からの注文を組み入れるだけでなく、それまでの工事の経験を活かすこともできた。施主から拒否されたポルティコは平坦な壁に置き換えられたが、それにより初層の表情はサント-ジュヌヴィエーヴ図書館のそれを想わせるものとなった、窓なしの屋階は細かく区分けされた装飾が施され、その配列や彩色は大広間の屋階〔中庭広場側ファサードの？〕から着想を得ている。

Revue Générale de l'Architecture, 1873 所収の図版

中庭広場側ファサード

　手前の棟〔玄関のある低層部〕には前室やクローク、ビュッフェ、現在では刊行物の売捌所が入っている。その奥に見える閲覧室の上部の装飾は、ペルージァの門屋階の盾をメダイヨンに取り替えた恰好である。このモティーフはアカデミックな伝統の禁じていたことろであり、その理由は《メダイヨンはそれを建物外観の装飾構成に用いる場合には、絵を取り付けたような観があまりにもはっきりとありすぎる》というのである。

Quatremère de Quincy, *Dictionnaire Historique d'Architecture*, Paris 1832,《Art, médaillon》.

撮影 Austin

大広間部分の屋階〔次ページ上〕

　この組積造の取り付け図は業者がその工事手順を確認するためのものである。この図面には壁に用いられる資材の詳細が示されている。コーニスは石で、付柱は防水の煉瓦、円盤は大理石である。この構法は軽量で経済的なもので《石をその場に応じて鋸で成形するやり方であり、木材の取り付けの場合と同じである》。

Clouet, *Traité d'Architecture*, Paris 1898. T. 1, p. 219.

　Vernaud 社作成の石積み割り付け図
Arch. Nat.

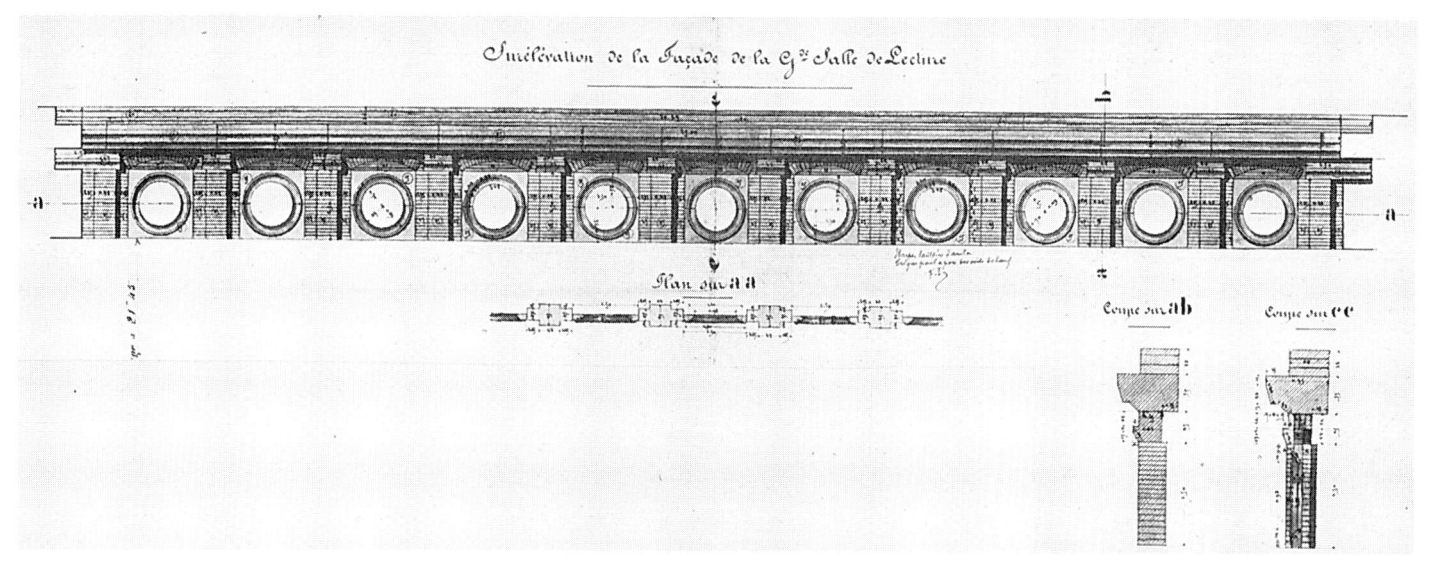

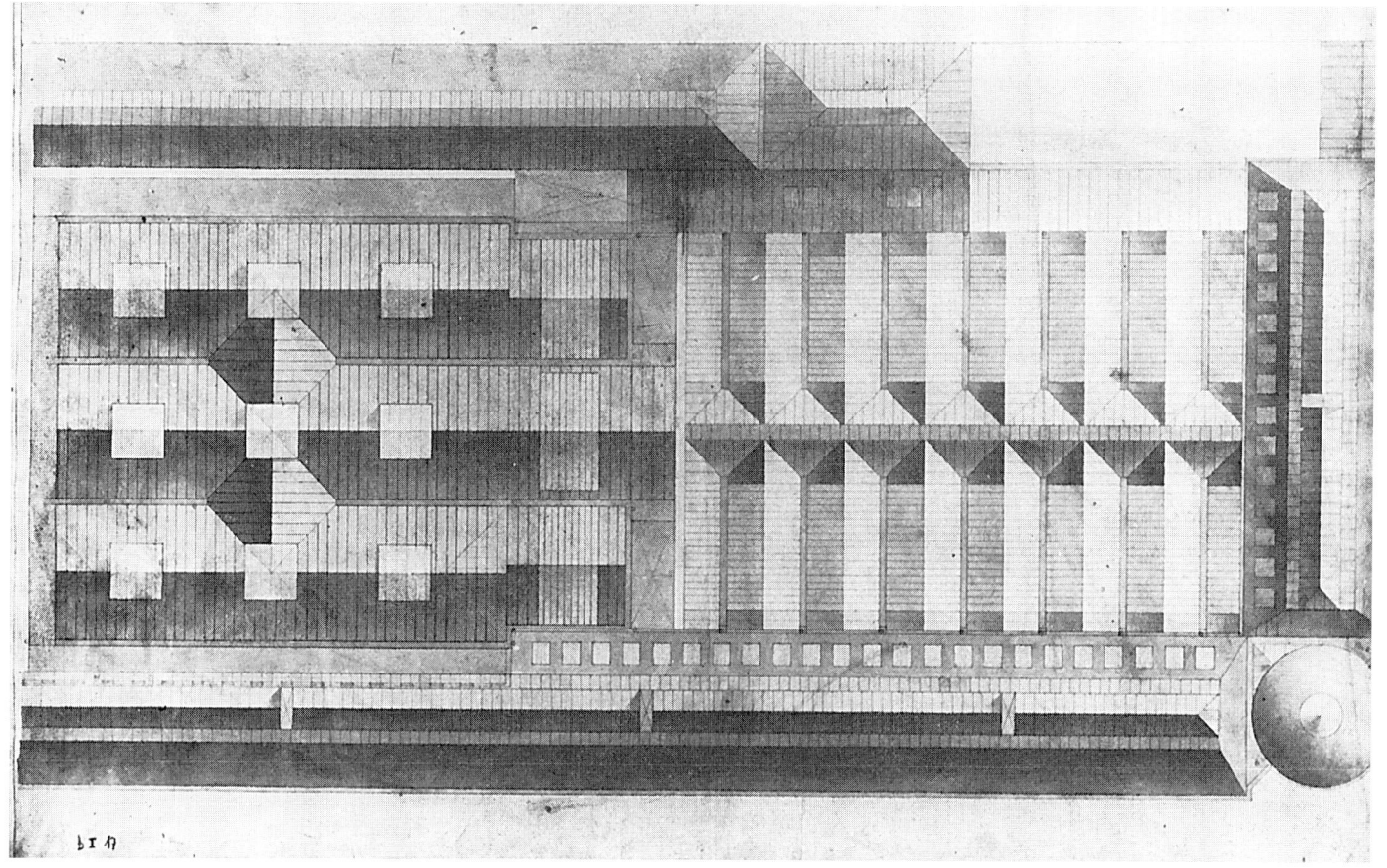

〔大閲覧室及び書庫の〕屋根伏

Dessin. Bibl. Nat. Est.

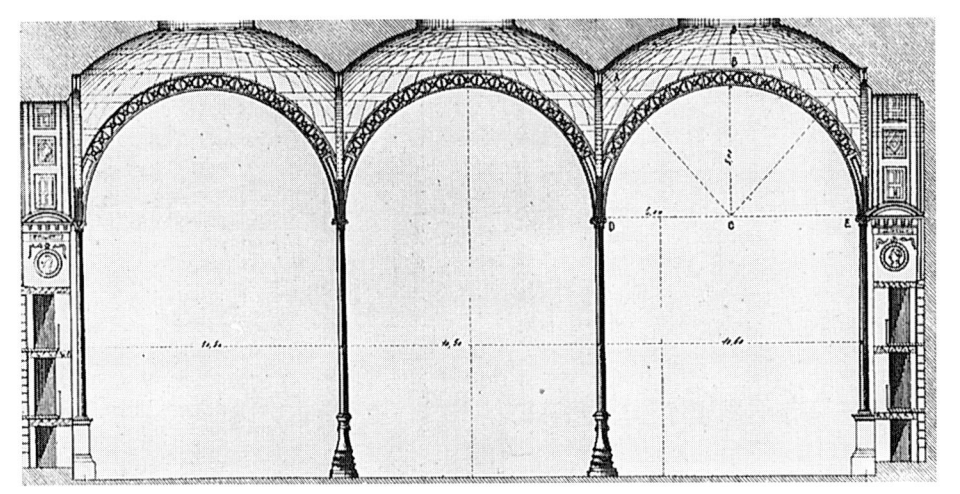

断面と平面

《建築家アンリ・ラブルーストは、きわめて繊細でかつアッティカ風の様式を大いなる堅牢さと結びつけたのであり、彼は一様な単一の曲面や平天井では、高さを誇張することなく、また人体寸法を、つまり研究のためそこを訪れる知識人たちを、矮小化してみせることのないようにするのが不可能であることを理解していたのである。そうはせずに、彼はその師と仰ぐアテネ人たちと同じように、人間こそが創造主であり、また常にそのように見えているべきであって、巨大な建物の中にあってもそこでその肢体が（それが人間の偉大さの一部をなしているのだ）、それを包み込んでいるところの建築の細部の大きさによって圧倒されてしまうことがあってはならないと考えたのであり、彼はその正方形〔の空間を〕を覆うのに、威圧的な単一のモティーフによるのではなく、パースペクティヴを与えてくれるような分割法、つまり区画を小分けする手法を採ったのである。しかし内部での支柱の混雑を避けるために、彼は金属の使用によってそれを最少限にとどめたのであり、そしてそれを構造体であると同時に広間の装飾とすることにした。すなわち、鋳物や鋳鉄を内部の構造の骨組み部材や肉付けに用いながら、それらを装飾と競わせ、それらを装飾があからさまに批評するような形とした》*。

《高さが半球以下の九つの金属製クーポラからなる架構は、新しい方式によっており、これは推奨に値するものであって、その合理的な仕組みもさることながら見た目の優美さの点からも優れている。これはそれ自体の剛性のおかげで、それを包む組積造の躯体からは一種独立した形となっている。なぜなら〔クーポラの〕垂れ下がり部に取り付く小円柱は、垂直荷重を受けるのにそれらに隣接する組積造の援けを全く借りることがないからである》**。

《円柱やアーチ群は防壁に添わせる形で繰り返され、その壁は石造で金属の建築部分からは明確に区別されながら統合されているのであり、つまり中身とそれを包むものとして区別され、それら二つの構造体がそれぞれ固有の性格、その意義、論理をを保ちながら併存しているのである。これを包み周囲から切り離している壁は、中身の詰まった堅固な様相を呈しており、それが過剰となるのを（全体の重々しさからくる不快さを）和らげるために上端に飾りをめぐらしているだけである。内部では、それとは逆

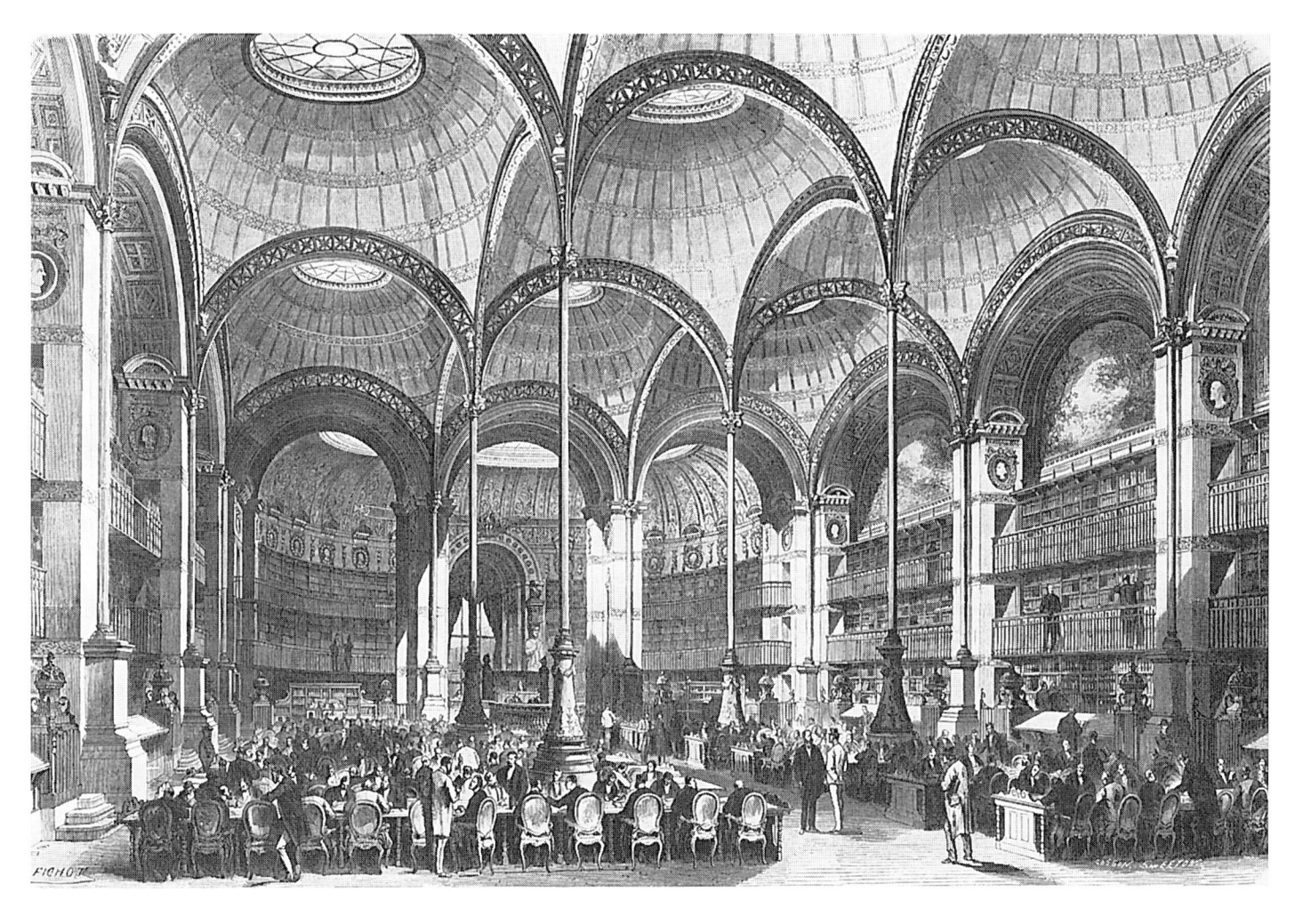

大閲覧室内部

《三百四十四人の閲覧者たちが着席でき、さらに七十人が書見台のところで立って書見できる。この方式を採用したのは、長時間図書館にいて一時的に姿勢を変え立つことで体を楽にしようとする人々のためである……。壁に沿っては 40 000 冊の書物が張り出した三層のバルコニーに配列されており、それらには部屋の各隅にある階段からアクセスできる》*。クーポラの連続によりバジリカのような性格が創りだされているが、その端には半円形のアプスがあり、館員の執務場所に充てられ、これが広間全体を見渡していて、あたかも修道院の参事会室のようなイメージがある。その奥には二体のカリアティドに挟まれた大きな開口があり、その奥の書庫への入口となっている。

* H. ラブルースト、*Monde Illustré* 誌のための注記。1867 年。

図版は Fichot. Coll. Malcotte

に、軽さの充満となっていて、ほとんど家具のような雰囲気となっている》*。

* Alphonse Gosset, *Les coupoles d'Orient et d'Occident*, Paris 1889. p. 218 & p. 220.
** C. S. Oppermann, "La Bibliothèque Impériale", *Nouvelles Annales de la Construction*. N° 173, mai 1869, p. 6.

図版は *Nouvelles Annales de la Construction*, T. 15, 1869. pl. 21.

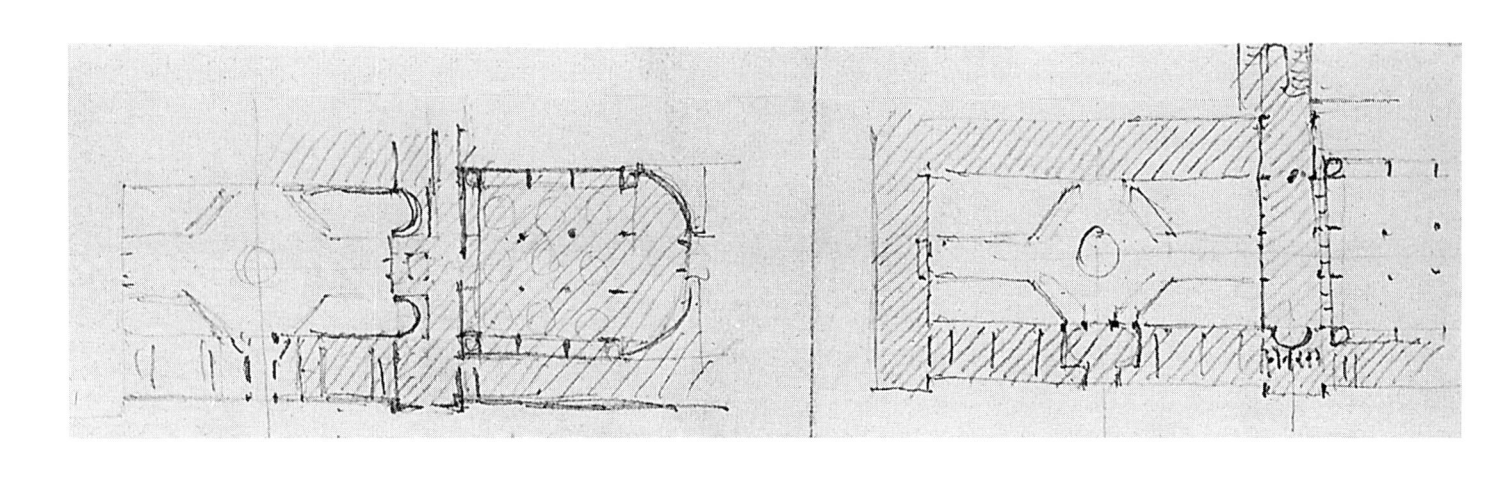

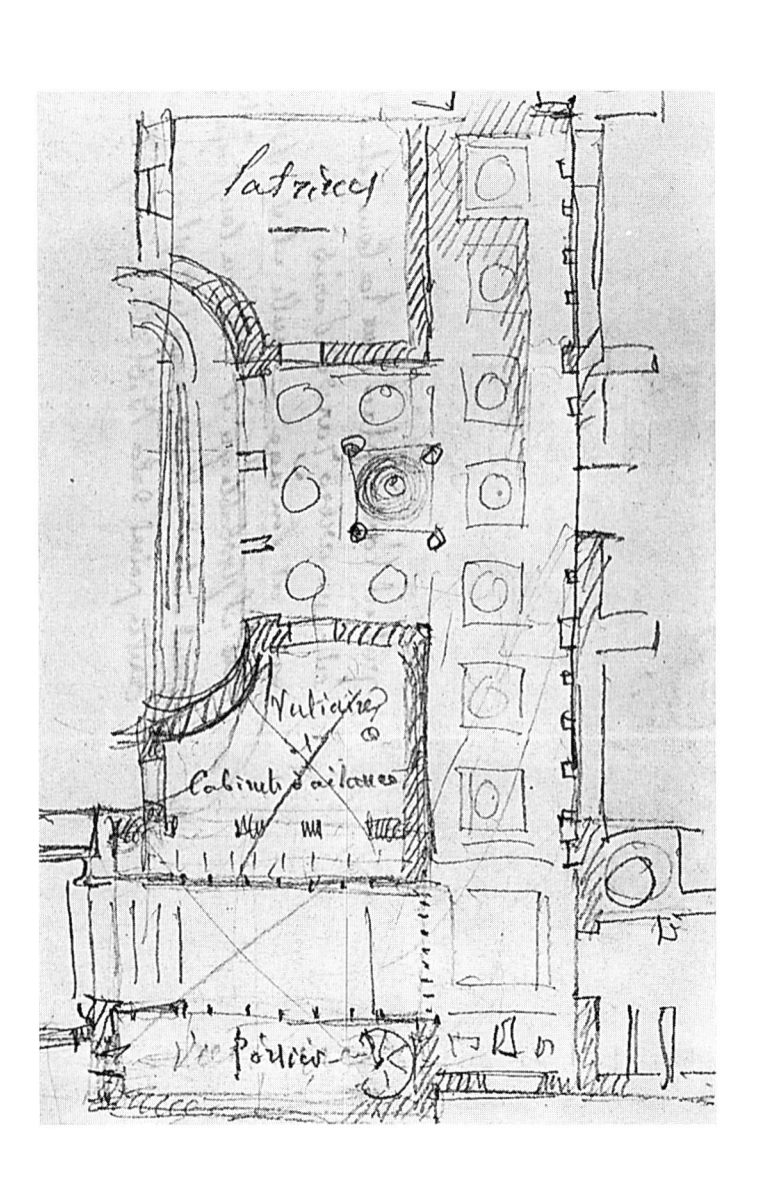

玄関前室

スタディのスケッチ
Coll. Y. Labrouste

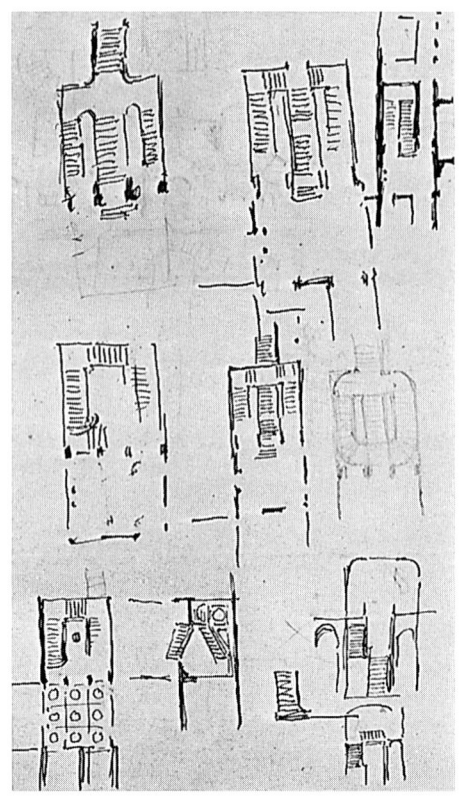

ビュッフェ入口

　ラブルーストは鉄の使用により可能となった様々な新しい機械設備をその建築に導入したが、しかしそれは飽くまでも機能的な要請に応えるためだけのものであって、その技術の賛美や奇を衒ってのことではなかった。引き込み戸を壁の中に収まるようにするという工夫も、クローク・ルームやビュッフェ、現在は刊行物売店となっているそれへの入口に用いるだけにとどめている。数多くの「その場限りの工夫」〔flexibilité〕とは異なり、ここではその任務が変化しても充分にその役割を果たしている。

撮影 Musy

閲覧室入り口

　前室の壁は一種の硬質の石のパネル貼りとなっていてその中に磨き仕上げの大理石円盤が嵌め込まれている。

図は Pierre Chabat, *Frangments d'Architecture*, Paris 1868, pl. 53.

サント‐ジュヌヴィエーヴ図書館の入口

　この入口枠の装飾に用いられた装飾モティーフを、のちに国立図書館にも用いている。

図版は *Encyclopédie d'Architecture*, T. 3, 1853, Pl. 23

〔大〕閲覧室現状

《交叉ヴォールトの冷たい印象を避けるため、ラブルーストは球面のヴォールトを用いることとしたが、これはよりゆったりとしてその輪郭も安らかであり、頂部に開口を設けて穏やかな光を広間中に拡散させるのに利用出来る。その光は直下に一様に降り注ぎ、結果として読書のために充てられた広間としてより望ましいものとなった。この大きなアーチ群はまた屋根を支持する。屋根はアーチの1m以上も上にあるので、ドームと屋根の間の空間は、屋外の騒音と建物内外の温度変化との遮断層を形成している》*。

この球面ヴォールトは「ペンデンティヴ付きクーポラ」であるが、ペンデンティヴの曲面がそのまま頂部まで続く形となっている。ここには「ペンデンティヴの上に載るクーポラ」の場合、二つの異なる輪郭からなるものによく見られる曲面の不連続はここには存在しない。ラブルーストはこの手法をブルネッレスキ、同様に偉大な構造形態の研究家であった彼から学んだのであった。フィレンツェのオスペダーレ・デリ・インノチェンティのポルティコは一連のペンデンティヴ付きクーポラを華奢な円柱で支えたもので、これは国立図書館のそれと同じスタイルである。

* Alphonse Gosse, *Les Coupoles d'Orient et d'Occident*, Paris 1989, p. 219.

撮影 Austin.

閲覧室現状壁際の家具造作

《書物は建物内壁の装飾として自然なものである。書物の上方には静かな絵が描かれていて、それらはデゴッフ[119]氏の手になるもので、緑の葉叢を表している。それは「アカデメイア」の庭園を象徴している。逍遙学派の人々がそこで思索をし、葉

---

119. Alexandre Desgoffe[s] (1805-82).　風景画を得意とし「バルビゾン派」の先駆とされる。サント-ジュヌヴィエーヴ図書館前室の壁画も彼の手になる。

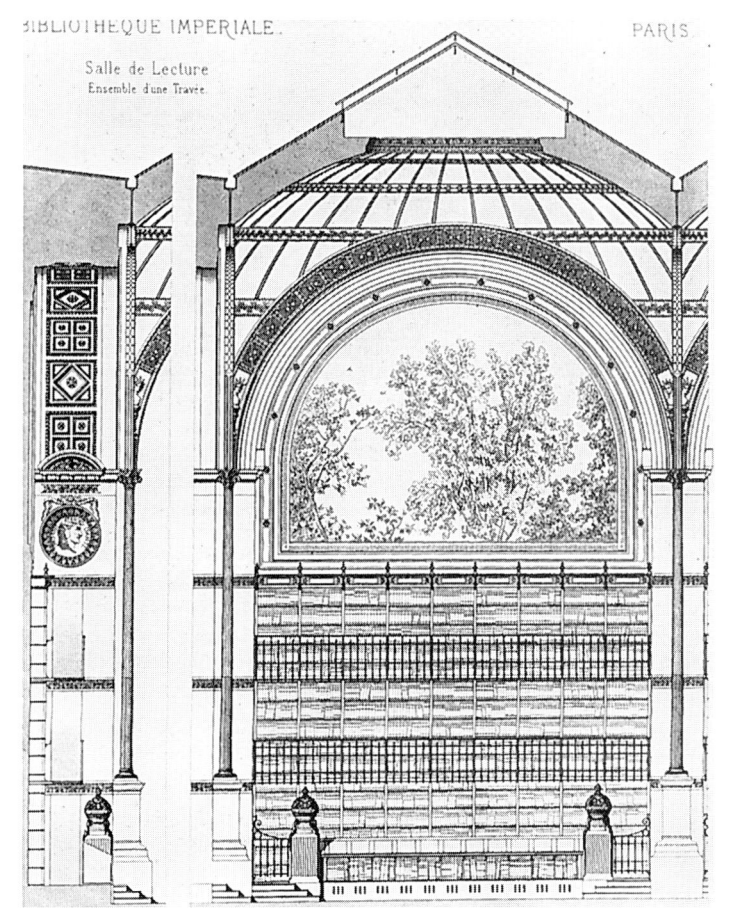

叢の下を逍遥しつつ談笑した場所である。すでにサント - ジュヌヴィエーヴ図書館でもこの装飾手法の一端が見られた》[1]。

《リセ時代、私は課業の合間にリュクサンブール庭園に、とりわけそこの囲場にでかけて勉強していた。そこでは誰からも邪魔されず眼も心も安らいで、美しくも贅沢な緑に取り囲まれていた。私が思うに、勉学の場所、図書館にとって、私が最も魅力的だと思える表現は、まずなによりもさりげない装飾であって、それは広間に座を占める読者たちの精神の安らぎにとっても同様であろう。一言で言うなら、人物像を伴う装飾で心を乱されるような危険は冒したくないということだ……》[2]。同様なことは病院について言われていて、《私はサッフォーが仲間の歌声で息を吹き返した様子などを表現したいとは思わない。むしろ写実的な風景でノルマンディやブルターニュを描く方を採ることにするが、おそらくパリに出てきていた気の毒な労働者たちに、それによって少しばかりの安らぎを与えることができるだろう》[3]。サント - ジュヌヴィエーヴ図書館の前室に用いられたものの効果から察するなら、これらの風景画も大いなる入口への序曲なのであろう。それが描かれた壁面は《建築家が有能とされる装飾家の筆先のために明け渡す空白の場所であって、観察者の眼から見てそこが何か固いものがあるというようには見えない場所なのである。そこでは、こうした場合、建築部材あるいは構造体などは、描かれた仮想の空隙のための枠取りの役を務めている》[4]。

(1) *Moniteur des Architectes*, T. 3, 1868, p. 94.
(2) Albert Soubies, *Les Membres de l'Académie des Beaux-Arts*, 3° série〔1902〕, p. 145.[120]
(3) H. Labrouste, デュクへの書簡、1831年。
(4) Quatremère de Quincy, *Dictionnaire Historique d'Architecture*, Paris 1832. "Art. peinture".

銅版図版〔柱間詳細図〕は Pierre Chabat, *Fragments d'Architecture*, Paris 1868, Pl. 54

柱間の詳細〔右の写真〕

Austin 撮影

---

120. Albert Soubies (1846-1918) は音楽・演劇評論家。*Les Membres de l'Académie des Beaux-Arts depuis la fondation de l'Institut*, 4 Séries は年代別にアカデミシャンの伝記を綴ったもの。これに引かれている回想は、ラブルーストの教え子の A.-N.-L. Bailly (1810-92) によるラブルースト追悼文（*Notice sur M. Labrouste*, Paris 1876）の中に、ラブルーストから聞かされていた話として記されていたものである。

円柱

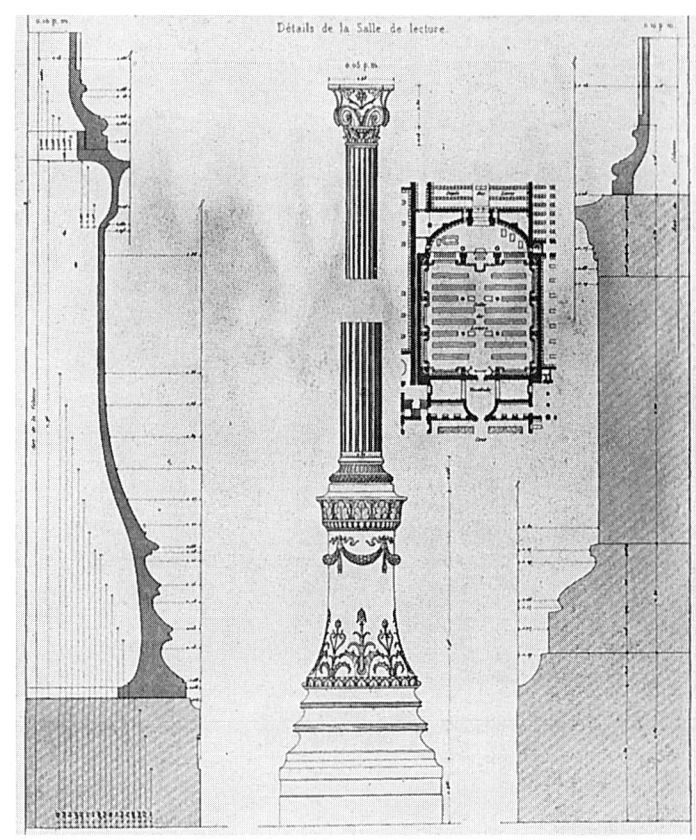

Pierre Chabat, *Fragments d'Architecture*, Paris 1868, Pl. 56

柱礎

Dessin. Coll. Y. Labrouste

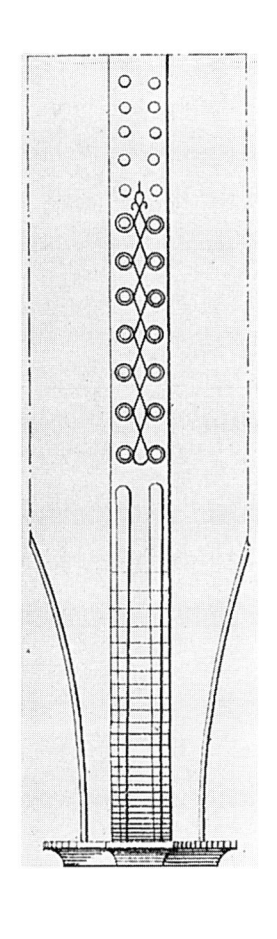

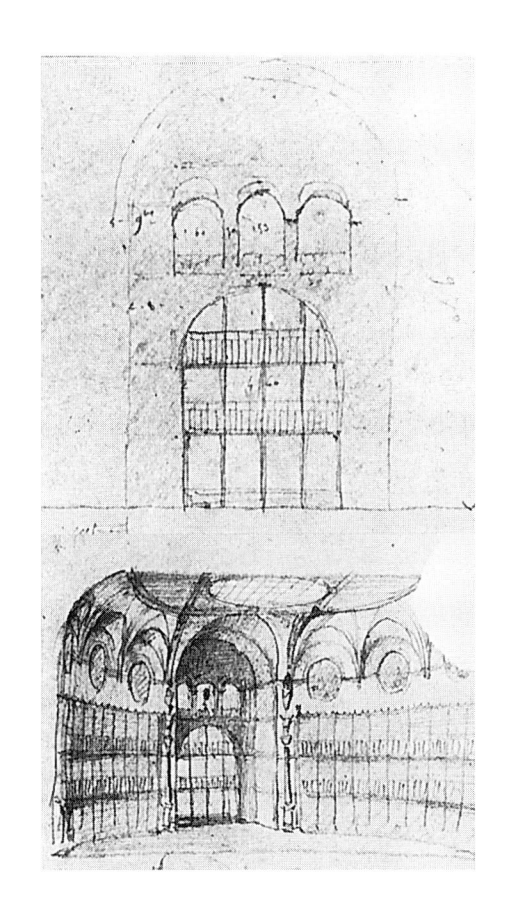

アーチ立ち上がり部

《装飾は簡素だが優美に、金色でくっきりとリヴェットの頭を縁取り、まるで葉脈のように絡み合っている。金属と石との結合のさせ方について言うなら、それらは見事に取り合わされていて、二つの部材がそれぞれに割り当てられた役割を見事に果たしており、その全体的印象は完璧な作品とすべきものである》*。

* Albert de Lapparent, *Le Siècle du fer*, Paris 1890, p. 57.

図版は *Nouvelles Annales de la Construction*, T. 15, 1869, p. 24

半円部

印刷物書庫のための凱旋門風アーチのスタディ

Dessin. Coll. Y. Labrouste

書庫入り口

広間の軸線上で半円形の頂部には印刷物書庫への巨大なアーチが設けられている。そのモニュメンタルな扱いは、バジリカに凱旋門を取り付けるという習わしに従ったもののように見える。《ラブルーストは大胆にもこの開口に巨大なガラスのスクリーンを取り付け、閲覧室から書庫が見通せるようにした……これは公共の建物の内部にこうした大きな面として用いた最初の例である》*。二体のカリアティドがアーチを支えているが、《一見したところでは、人像に厖大な荷重を支えさせるというのは不合理のように思われる……また女性の形姿が通常の体型に見るような優美さと華奢さをそなえなければならないというものでもないだろう、しかしその肢体も衣服も、そのか弱さから注意をそむけさせるようなものではない》**。

* S. Giedion,「空間・時間・建築」(フランス語訳、Brussel, 1968, p. 165—邦訳〔1955 丸善〕では vol. I, p. 243).
** P. Planat, *Encyclopédie de l'Architecture et de la Construction*, s.d. art. cariatide.
Revue Générale de l'Architecture, T. 35, 1878, Pl. 42

鋳物のストーヴ

このストーヴは地下の暖房装置から送り込まれる温風を吹き出すものである。半球形の放熱器の中には、風量を調節する二つの安定板がある。

Dessin, Bibl. Nat. Est.

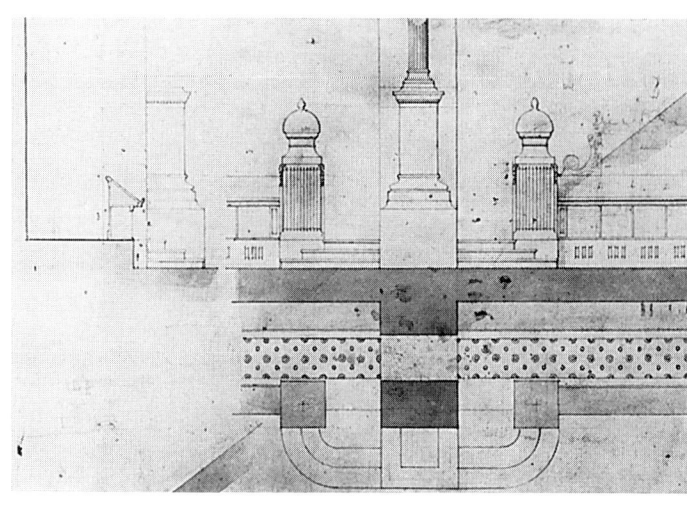

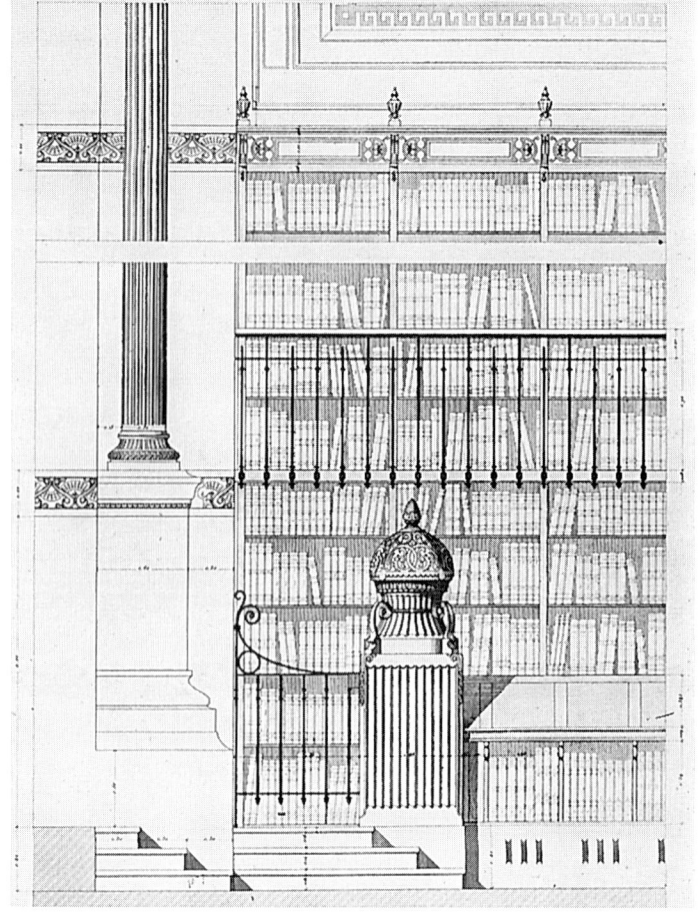

ストーヴ

Pierre Chabat, *Fragments d'Architecture*, Paris 1868, Pl. 55

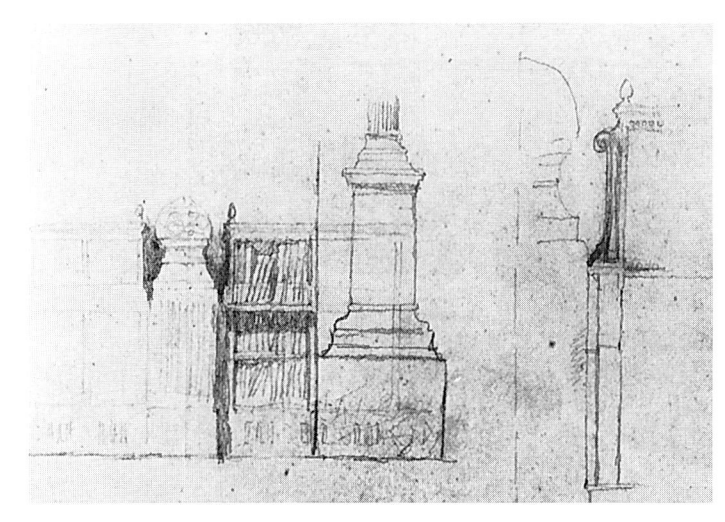

ストーヴのための三案

　書棚沿いには、閲覧室の床から三段上がった高さに職員専用の通路が設けられている。これは監視の便を考慮したものだが、このレヴェルの差を利用して、新鮮空気を送り出すための換気口がその基壇の石の中に開けられている。

Dessin. Bibl. Nat. Est.

柱頭の木製模型

　柱頭とメダイヨンのためには原寸大の模型が必要であった。この木製模型はこれから直接雌型をとるためのもので、彫刻職人によって建築家の指導の下に作製されたが、工房の多くはパリにあったために便利であった。ラブルーストからは指示のリストがそこに届けられた。セーヌ通り13番地の家具工房のロランがこの原型を作製している。

当時の写真。Coll. Malcotte

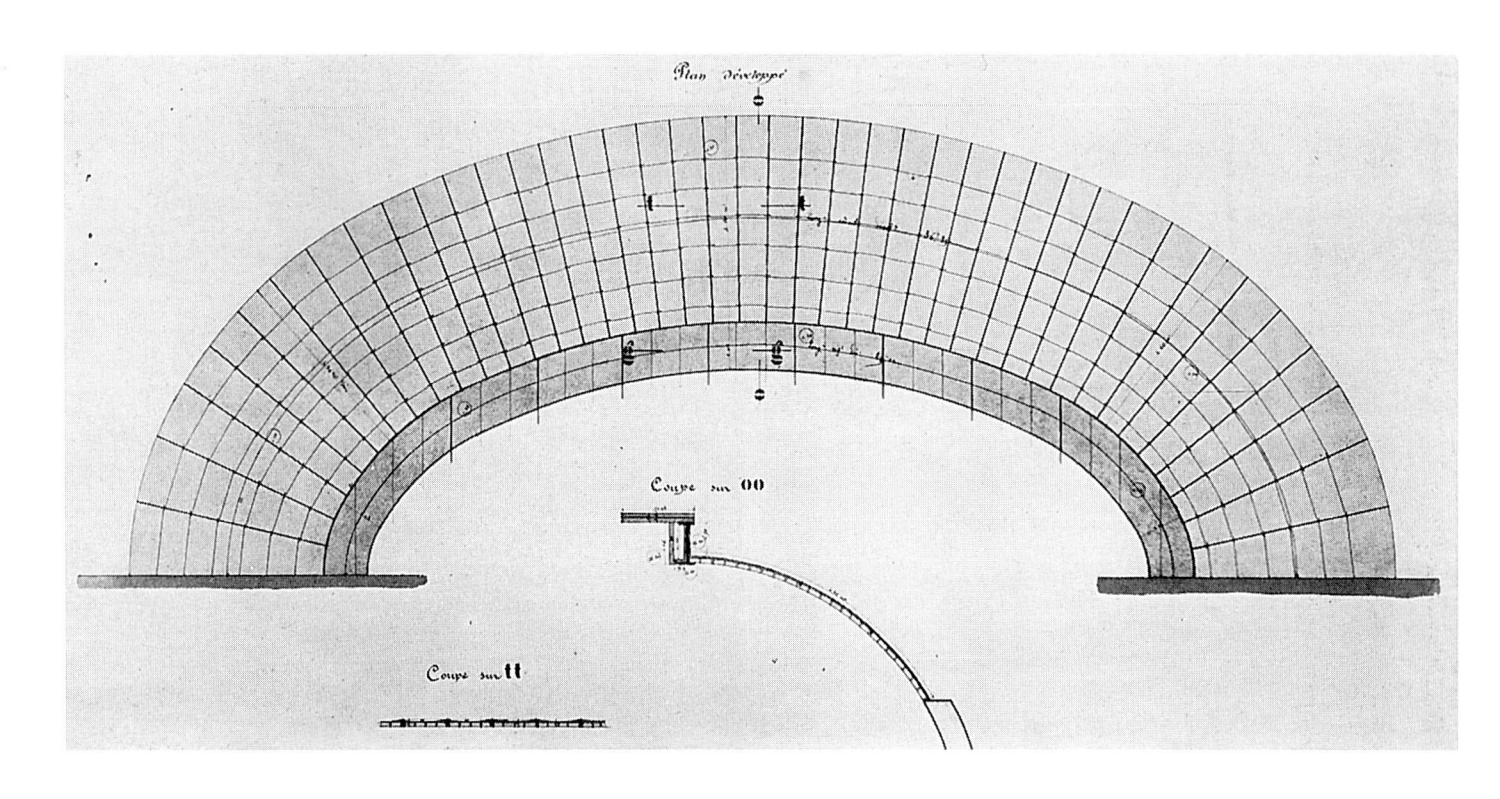

半円形部のヴォールト

《クーポラは白い磁器の板で出来ており、レリーフが施され着色された帯層で区切られ、鉄のTバーに取り付けられているが、それらのバーは放射状に配され、二段ないし三段に区切られている。磁器の光沢は貼り付けられたパネルに繊細さと軽さを与え、金属製の支持材とも調和し、湾曲面に玉虫色のような甘美な輝きを反映させている》*。《磁器板の厚さは9ミリしかなく、つまり全体からすれば卵の殻ほどの厚さもない》**。

* A. Gosset, *op. cit*., p. 218 & 220.
**H. Labrouste, 1873年のフランス建築家会議における国立図書館見学会のための解説。

半円形部ヴォールト部材取り付け詳細図　Bibl. Nat. Est.

書庫床伏図〔次頁上〕

火災に対する安全性の考慮が最優先されている。鉄は不燃材料であり、また自然光ならガスや灯油などの照明方式により惹き起こされる危険を避けることができる。その光は簀の子状の床を透過してくる。《この種の床が最初に用いられたのは汽船の機関室であったように見える。それがここでは純粋な機能的目的に用いられているのではあるが、新たな美的発展の契機を内蔵している》。

ギーディオン、「空間・時間・建築」（フランス語版）、p. 155

Dessin. Bibl. Nat. Est.

書庫内部〔次頁下〕

《倉庫つまり書庫は独創的なものであり、一つの標準型として考案されたものである。しかし一般人はここに入ることがないため、あまり知られていない。閲覧室の奥の大きな入口からこの倉庫に入るが、充分に広い通路がありこれが室全長にわたって空間を二つに分けている。この通路の両側は、書棚群で区切られた小部屋に向かって開いており、それぞれに二つの壁が中央通路と直角に配されているが、それらの壁が書棚となっているのである。書物を探すのに踏み台も踏み段も不要である。各書棚の寸法は次のようにして決定されている。幅は通常の男性が腕を広げた広さであり、同じ場所にいたままで左右の棚に容易に手が届くようになっている。高さは、通常の骨格の人間の手の届く高さである。従って幅は1.60 m 足らずであり、高さは2.10 mとなっている。これらが何層にも積み重なっているが、一方光は上からしか入ってこない。この問題に対処するため、便利な

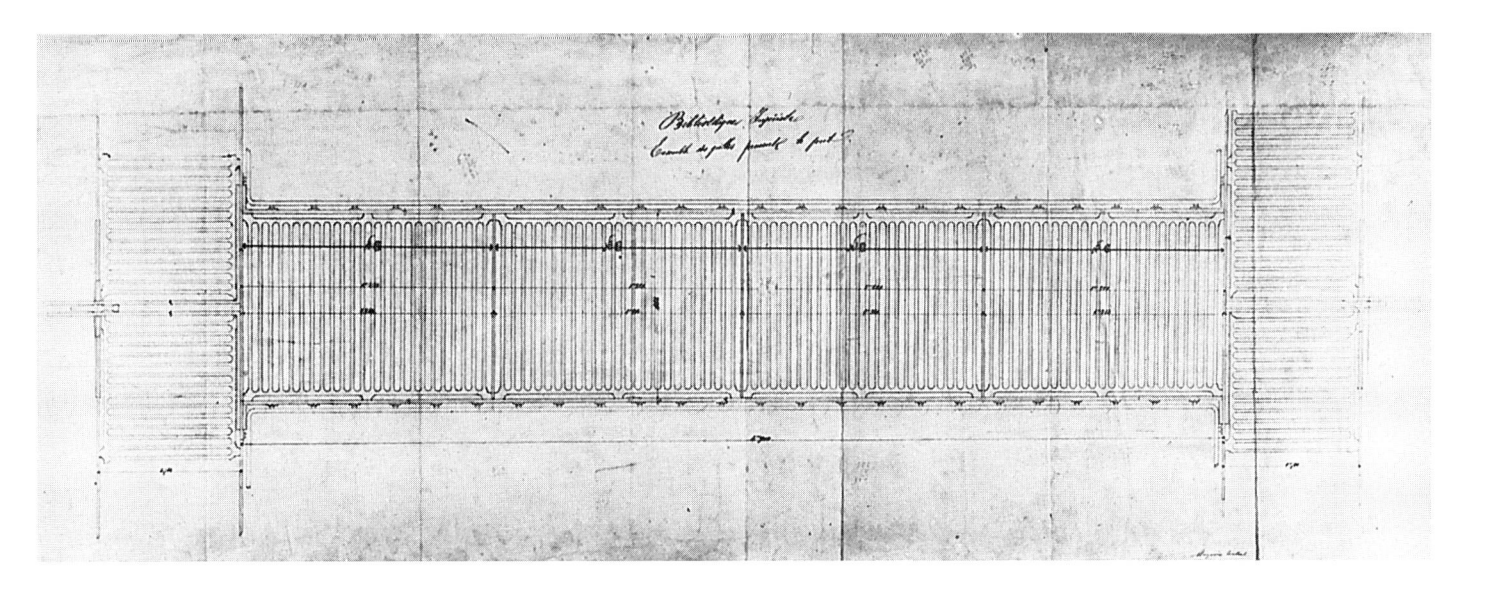

階段で各層に到達できるようにし、また床版は光を透過する格子状にしてある。これにより光は五層の各層に充分に届くのである。更に、各書架の間はすべて床が張られているわけではない。人が通る部分以外は不要なので、それは真中に架け渡されたバルコニィのようなものとなっている。書棚のそばは床が空いているのである。書物を扱っている際にそれを取り落とす場合もあり得るので、その隙間は簡単な網で塞がれ、大きな鱗をつけた魚のひれのようなものが取り付けられている》*。《原則は鉄の檻とすることである。僅かの木材もこの構造の中には入っていない。空気が書物の間を循環しており、湿気から守っている》**。

* J. Guadet, *Eléments et Théories de l'Architecture*, T. 2, p. 399.
** *Moniteur des Architectes*, T. 3, 1868, p. 94.

古写真。Bibl. Nat. Est.

玄関風除け室
  スタディのスケッチ Bibl. Nat. Est.

詳細図
  Dessin. Bibl. Nat. Est.

玄関風除け室
 実施されたもの。
  Revue Générale de l'Architecture, T. 36,
    1879, Pl. 41

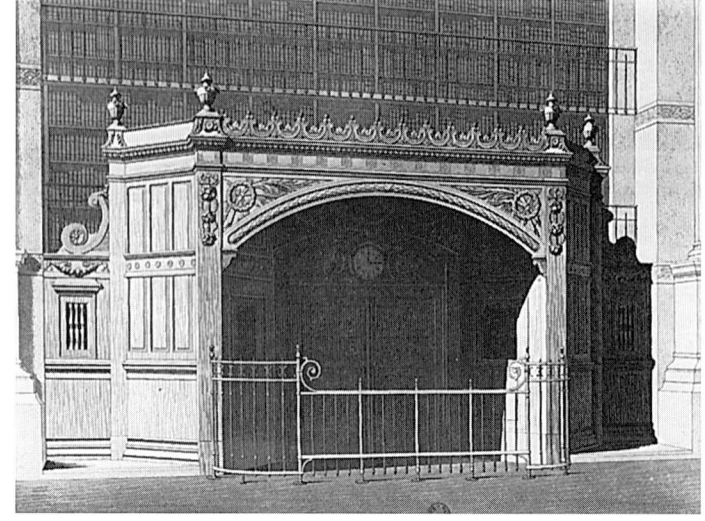

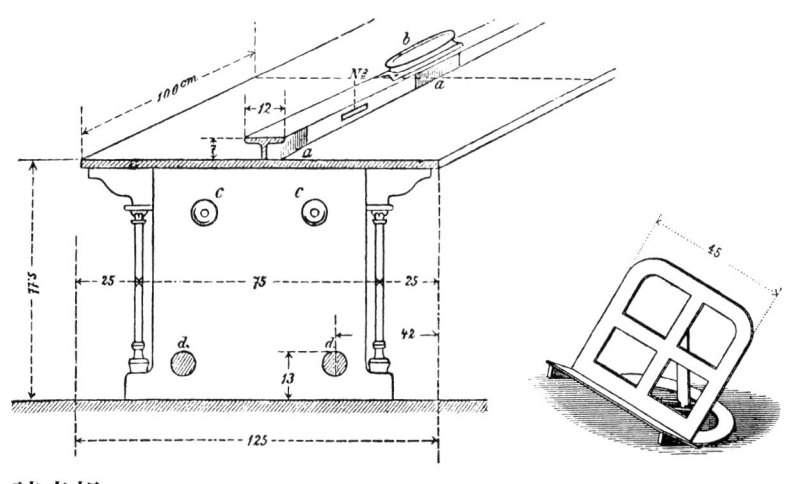

読書机

閲覧室には三百四十五の座席があり、羊革貼りのテーブルの前に配されている。支えの側板下部には二箇所円穴が穿たれておりそれに足休めと温水のラディエーターを兼ねたチューブが通されるようになっている。各席は番号が付されており、それぞれにインク壺と鉛筆やペンを入れるためのペン皿がそなえられている。これらのアクセサリーはT字形の鉄のバーの上に置かれ、そのバーが〔向かい同士を〕隔てて机全長にわたって取り付けられている。

図は Albert Kortum, "Biblioteken" in *Handbuch der Architektur*, Stuttgart, 1906, IV. 6/4, p. 144, fig. 231.

書見台

鉄板を切り抜いたものでできている。
Handbuch der Architektur, op. cit.

グリル

このグリルは1858年に設置されたもので、オテル・テューブフとガルリ・マザランの間を仕切っていたものである。これは目下取り壊しの危機にあり、ヴィヴィエンヌ通りを閉鎖し国立図書館とガルリ・コルベールとのあいだに歩行者専用路をつくる計画のためである。

撮影 P. Saddy

年譜

1801	パリに生まれる
1809	コレージュ・サント-バルブに入学
1819	エコール・デ・ボザール入学
1823	イッポリト・ゴッドの現場副監督となる
1824	ローマ大賞獲得
1825	ローマのフランス・アカデミーに赴く
1830	パリで建築私塾〔アトリエ〕を開く
1832-1838	エコール・デ・ボザールの工事監督を務める
1836-1840	コンコルド橋の装飾計画
1836-1837	ローザンヌの精神病院競技設計（一等）
1837	モンパルナス墓地のブリュネとリデールの〔本文中には見当たらないが、リデール男爵 baron André de Ridèle, 1748-1837 を指す〕墓
1838	文化財保護事業部〔Monuments Historiques〕の建築家に任命
	国有大理石・調度品保管所〔Depôts des Marbres et du Garde-Meuble〕の建築家に任命
1838-1850	サント-ジュヌヴィエーヴ図書館の工事
1839	*Revue Générale de l'Architecture* 誌扉のデザイン
1839-1840	トリノ近傍のアレッサンドリアの刑務所設計競技（一等）
1849	ナポレオンの遺灰移送式典
1840-1841	コレージュ・サント-バルブの工事
1841	プロヴァン〔Provins〕の屠殺場競技設計（二等）
	ナポレオンの墓設計競技（金賞）
1843-1845	ブカレストの劇場計画
1845	トゥールーズのサントーバン〔Saint-Auban à Toulouse〕聖堂設計競技（佳作）
1845-1848	サン-フィルマンの農業コロニー（オワーズ県）
1848	宗教省〔Ministère des Cultes〕の宗教建築審議会委員
	「六月動乱」〔Journées du Juin〕の犠牲者葬儀式典
1849	建築家中央協会〔Société Centrale des Architectes〕のための記念メダル
1853	モンパルナス墓地のアルブーズの墓
1853-1872	レンヌの大神学校
1854-1875	国立図書館
1856-1858	オテル・フルド
1856	アトリエ・ラブルースト閉鎖
	フォントネ-オ-ローズ〔ラ・エ-オ-ローズ〕のキュニィの墓
1860	オテル・トゥーレ
1861	オテル・ルーヴナ
1862	パリ-リヨン-地中海鉄道公社本部
1865	公共建築部〔Bâtiments civils〕の総監
	オテル・ド・ヴィルグリュィ
	シャロン-シュル-ソーヌ東墓地のゾッラの墓
1867	学士院会員（美術アカデミー）
1871	デュバンの墓（計画案）
1872	モンマルトル墓地のトゥーレの墓
	クールミエールの会戦記念碑設計競技
1873	建築家中央協会会長
1874	ウルリヒ・ゲリング〔Urlich Gering〕記念碑
1875	フォンテーヌブローで死去

索引

〔項目は原著の欧文のままとし、〔〕括弧で読みないし訳を付した。原著では建築用語などの一般名詞も取り上げられているが、編者の判断で固有名詞（人名・地名・組織名・歴史的事象など）に限って取り上げることとした。またフランス以外の国のものでフランス語風に記されていたものは、現地の綴りに書き換えてある。〕

Académie d'architecture〔建築アカデミー〕 4, 8, 14, 20, 26
Académie des Beaux-Arts〔芸術アカデミー〕 8, 20
Académie de France à Rome〔ローマのフランス・アカデミー〕 8, 25
Agrigento〔アグリジェント〕 11
Albouse〔アルブーズ〕（墓） 22
Alessandria〔アレッサンドリア〕（刑務所） 33
Ancona〔アンコーナ〕（避病院） 27
Antonino e Faustina〔アントニヌスとファウスティーナ〕（神殿）
Ariccia〔アリッチャ〕（聖堂とパラッツォ） 18
Albergo dei Poveri〔アルベルゴ・デイ・ポヴェリ＝貧民収容所〕(*Napoli*) 34, 35
Baltard, Louis-Pierre〔バルタール、ルイ－ピエール〕 4
Baltard, Victor〔バルタール、ヴィクトル〕 34
Banville, Théodore de〔バンヴィル、テオドール・ド・〕 45, 49, 54
Bâtiments civils〔バティマン・シヴュル＝公共建築部〕 30, 31, 33, 37, 39, 43
Bayeux〔バイユー〕（大聖堂） 65
Beaux-Arts〔ボザール〕(*Ecole des*〔エコール・デ〕) 4
Beaux-Arts〔ボザール〕（入口） 46
Beaux-Arts〔ボザール〕(*Palais des Etudes*〔パレ・デゼテュード〕) 5, 17, 45, 53
Bibliothèque Nationale〔ビブリオテーク・ナショナル＝国立図書館〕 17, 70, 75
Bibliothèque Sainte-Geneviève〔サント－ジュヌヴィエーヴ図書館〕 3, 14, 34, 57
Blondel, Henri〔ブロンデル、アンリ〕 77
Blouet, Abel〔ブルーエ、アベル〕 8, 31
Bologna〔ボローニャ〕 18
Bosc, Ernest〔ボスク、エルネスト〕 54
Boullée, Louis-Etienne〔ブレー、エティエンヌ－ルイ〕 75
Brunelleschi〔ブルネッレスキ〕 84
Brunet〔ブリュネ〕（墓） 22
Bucarest〔ブカレスト〕（劇場）
Burckhardt, Jacob〔ブルクハルト、ヤーコブ〕 11, 15
Bruyère, Louis〔ブリュイエール、ルイ〕 27
Calla, François〔カッラ、フランソワ〕 60, 74
Caristie, Auguste Nicolas〔カリスティ、オーギュスト・ニコラ〕 23
Caecilia Metella〔カエキリア・メテッラ〕（墓） 16
Chabat, Pierre〔シャバ、ピエール〕 64, 85, 86, 88
Charenton〔シャラントン〕（療養所）
Carlo-Alberto〔カルロ－アルベルト〕 33
Charles X〔シャルル十世〕 25
Choisy, Auguste〔ショワジィ、オーギュスト〕 12
Clouet〔クルーエ〕 78
Colonna trajana〔コロンナ・トライアーナ＝トライアヌスの円柱〕 9
Concorde〔コンコルド〕（橋） 30
Cotte, Robert de〔コット、ロベール・ド・〕 75

Coulmiers〔クールミエール〕（記念碑） 22
Cugny〔キュニィ〕（墓） 22
Corneto〔コルネト〕（〔現在の *Tarquinia*、タルクィーニア〕墓） 26
Cultes〔宗教〕(*ministère des*〔宗教省〕) 65, 66
*Daly, César〔ダリ、セザール〕 3, 7, 23. 30, 37, 45, 49, 50
Delannoy, François Jacques〔ドラノワ、フランソワ・ジャック〕 75
Desgoffe, Alexandre〔デゴッフ、アレクサンドル〕 84
Destouches, Louis Nicolas Marie〔デトゥーシュ、ルイ・ニコラ・マリー〕 43
Duban, Félix〔デュバン、フェリクス〕 3, 5, 6, 8, 17, 46, 65
Duban〔デュバン〕（墓） 25, 26
Duc, Louis〔デュク、ルイ〕 3, 22, 24, 85
Duchamps-Villon, Raymond〔デュシャン－ヴィヨン、レイモン〕 75
Durand (J. N. L.)〔デュラン〕 16, 18, 28
*Eck, Charles〔エック、シャルル〕 45
Esquirol, Jean〔エスキロール、ジャン〕 27, 28
Etruria〔エトルリア〕（墓） 20, 26
Fellner, Ferdinand〔フェルネル、フェルディナント〕 74
Flachat, Eugène〔フラシャ、ユージェーヌ〕 65
Firenze (*Ospedale degli Innocenti*)〔フィレンツェ、オスペダーレ・デリ・インノチェンティ〕 84
Fontaine, Pierre〔フォンテーヌ、ピエール〕 75
Fontaine Louvois〔ルーヴォワの噴水〕 60
*Foucart, Bruno〔フーカール、ブルーノ〕 33, 53
Fould〔フルド〕（オテル）
Fuga, Ferdinando〔フーガ、フェルディナンド〕 34
Gailhabaud, Jules〔ゲイアボー、ジュール〕 17
Garnaud, Antoine Martin〔ガルノー、アントワーヌ・マルタン〕 75
*Garnier, Charles〔ガルニエ、シャルル〕 41
*Giedion, Siegfried〔ギーディオン、ジークフリート〕 41, 87, 90
Gilbert, Emile Jacques〔ジルベール、エミール・ジャック〕 3, 8, 27, 28
Gisor, Alphonse de〔ジソール、アルフォンス・ド・〕 75
Godde, Hippoplyte〔ゴッド。イッポリト〕 42
Gosset, Alphonse〔ゴッセ、アルフォンス〕 12, 80, 84, 90
Gourlier, Charles Pierre〔グーリエ、シャルル・ピエール〕 33
Grégoire〔グレゴワール〕 27
*Gromort, Georges〔グロモール、ジョルジュ〕 11, 38, 39
Grislain, Jacqueline〔グリスラン、ジャクリーヌ〕 31
Guadet, Jules〔グァデ、ジュール〕 24, 27, 66, 91
Harou-Romain (fils)〔アルー－ロマン（子）〕 33
*Hautecoeur, Louis〔オートクェール、ルイ〕 72
Hebelong〔ヘベロング〕 33
Hittorf, Jacques Ignace〔イットルフ、ジャック・イニャス〕 3, 30, 45, 46
Horeau, Hector〔オロー、エクトル〕 75
Huvé, Jacques-Marie〔ユヴェ、ジャック－マリー〕 27, 28
Isola Bella〔イゾラ・ベッラ〕 11
Jouannin〔ジュアンナン〕 27
Journées de Juin〔六月動乱〕（葬儀式典）
Laborde, Léon de〔ラボルド、レオン・ド・〕 9, 53, 75
Labrouste, Alexandre〔ラブルースト、アレクサンドル〕 9
Labrouste, Léon〔ラブルースト、レオン〕 10, 37, 77
Labrouste, Théodore〔ラブルースト、テオドール〕 4, 14, 30, 40

95

Langlois, Charles〔ラングロワ、シャルル〕 65
Lapérouse〔ラペルーズ〕（霊廟） 22, 25
Laplanche, Alexandre〔ラプランシュ、アレクサンドル〕 77
Lapparent, Albert de〔ラッパラン、アルベール・ド・〕 87
Lassus, Antoine〔ラシュス、アントワーヌ〕 24
Lausanne〔ローザンヌ〕（精神病院） 27
Lebas, Hippolyte〔ルバ、イッポリト〕 4, 14, 34, 35
Leclère, Achille〔ルクレール、アシール〕 13
Lecomte, Henri〔ルコント、アンリ〕 38
*Léon, Paul〔レオン、ポール〕 39
Lequeu, Jean-Jacques〔ルクー、ジャン‐ジャック〕 11
Lheureux, Louis Ernest〔ルルー、ルイ・エルネスト〕 43
Livorno〔リヴォルノ〕（避病院） 27
Louis-Philippe〔ルイ‐フィリップ〕 23
Louis, Victor〔ルイ、ヴィクトール〕 38
Lucas, Charles〔ルーカス、シャルル〕 33, 34, 61
Mansart, François〔マンサール、フランソワ〕 75
Marcel〔マルセル〕 7
Melik, Jacob〔メリク、ヤーコブ〕 74
Mérimée, Prosper〔メリメ、プロスペル〕 65
*Millet, Eugène〔ミレ、ユージェーヌ〕 3, 7, 10, 17
Minerva Medica〔ミネルヴァ・メディカ〕（神殿） 12
Mirbey〔ミルベイ〕 74
Molé〔モレ〕（伯爵） 61
Monuments Historiques〔文化財保護事業部〕 38, 65
Musée de la Marine〔海事博物館〕 25
Napoléon〔ナポレオン〕（墓） 22, 25
Narjoux, Felix〔ナルジュー、フェリクス〕 62, 73
Norvins, Jacques〔ノルヴァン、ジャック〕 3
Notre-Dame-de-Bonne-Nouvelle〔ノートルダム‐ド‐ボンヌ‐ヌーヴェル聖堂〕 42
Notre-Dame-de-Lorette〔ノートルダム‐ド‐ロレット聖堂〕 14
Oppermann, Charles Albert〔オッペルマン、シャルル・アルベール〕 75, 80
Paestum〔パエストゥム〕 3, 19, 20, 25, 26
Pantheon, Roma〔ローマのパンテオン〕 13, 46
Parthenon〔パルテノン〕 20
Payen, Jean François〔パヤン、ジャン・フランソワ〕 29
Percier, Charles〔ペルシェ、シャルル〕 7
Perugia〔ペルージア〕（市門） 11, 15, 17, 78
Perronet, Jean Rodolphe〔ペッロネ、ジャン・ロドルフ〕 30
Petite Roquette〔プティト・ロケット〕（刑務所） 34, 35
Pevsner, Nikolaus〔ペヴスナー、ニコラス〕 39
Peyre, Marie Joseph〔ペイル、マリー・ジョゼフ〕 75
Pinel, Philippe〔ピネル、フィリップ〕 27
Piranesi, Gian Battista〔ピラネージ、ジアン・バッティスタ〕 12
Planat〔プラナ〕 9, 87
*Plouin, Renée〔プルーアン、ルネ〕 27

Quatremère de Quincy〔カトルメール・ド・カンシィ〕 34, 72, 74, 78, 85
Raffaello〔ラッファエッロ〕 15
Retour des Cendres〔ナポレオンの遺灰帰還式〕 22, 23, 31
Revue Générale de l'Archtecture〔ルヴュ・ジェネラル・ド・ラルシテクチュール〕 7
Raynaud, Léonce〔レイノー、レオンス〕 3, 38, 65
Rivoalen, Emile〔リヴォラン、エミール〕 9
Rondelet, Jean Baptiste〔ロンドレ、ジャン・バティスト〕 4, 8
Ruprich-Robert, Gabriel〔リュプリク‐ロベール、ガブリエル〕 65
*Saddy, Pierre〔サディ、ピエール〕 28
Saint-Denis-du-Saint-Sacrement〔サン‐ドニ‐デュ‐サン‐サクルマン聖堂〕 42
Saint-Firmin〔サン‐フィルマン〕（農業コロニー） 61
Saint-Pierre-du-Gros-Caillou〔サン‐ピエール‐デュ‐グロ‐カユー聖堂〕 42
Saint-Vincent-de-Paul〔サン‐ヴァンサン‐ド‐ポール聖堂〕 45, 46, 60
Sainte Barbe〔サント・バルブ〕（コレージュ） 39, 43
Segesta〔セジェスタ〕（神殿） 19
Séminair de Rennes〔レンヌの大神学校〕 65
Simonet〔シモネ〕 46
Société Centrale des architectes〔建築家中央協会〕 3, 6
Soubies, Albert〔スービィ、アルベール〕 13, 85
Telmessus〔テルメッソス〕（墓） 25
Thiriot, Jean〔ティリオ、ジャン〕 75
Toulouse〔トゥールーズ〕（聖堂） 65
Thouret〔トゥーレ〕（オテル） 70, 73
Thouret〔（墓） 22, 24
Tournon, Camille〔トゥールノン、カミユ〕 14
Trélat, Emile〔トレラ、エミール〕 9, 27
Torino〔トリノ〕（アレッサンドリアの刑務所） 33
Urlich Gering〔ウルリヒ・ゲリング〕（記念碑） 38
Vandenbergh, Emile〔ヴァンデンベルグ、エミール〕 31
Vavitelli, Luigi〔ヴァンヴィテッリ、ルイジ〕 27
Vaudoyer, Léon〔ヴォードワイエ、レオン〕 65
Vaudoyer, Antoine〔ヴォードワイエ、アントワーヌ〕 4
Vilgruy〔ヴィルグリュィ〕（オテル） 70
Villa d'Este〔ヴィッラ・デステ〕 29
Villain〔ヴィレン〕 8
Vinet, Ernest〔ヴィネ、エルネスト〕 26
Viollet-le-Duc, Eugène〔ヴィオレ‐ル‐デュク、ユージェーヌ〕 65, 73
Visconti, Louis〔ヴィスコンティ、ルイ〕 23, 24, 75
Vitruvius〔ウィトルウィウス〕 20, 72
Zolla〔ゾッラ〕（墓） 65, 73

* アステリスクを付したものは特にアンリ・ラブルーストを取り上げた論考の著者名で、その書誌を本文中に記してあるもの。

編者後記

　本書の訳者である丹羽和彦氏は、2012年7月14日、佐賀大学大学院教授在職中に逝去された（享年61歳）。本書は氏の遺稿をもとに訳書の体裁に整えたものである。

　亡くなられる数週間前、入院先に見舞った折り、死期を悟られた氏から、デュランやラブルースト、ヴィオレ－ル－デュクなどの研究のための未整理の作業資料があるのでそのとりまとめを引き受けるように要請され、それらの内容や氏がどのような形でまとめるつもりでおられたのかを確認せぬまま、ラブルーストだけなら引き受けると答え病室を辞していたのであったが、氏が亡くなられて数週間後、氏の恩師であられる名古屋大学名誉教授の飯田喜四郎先生を通じて、佐賀大学の氏の研究室に遺されていた関係資料一式が私の許に届けられてきた。丹羽氏は1978年から1980年にかけてフランス政府給費留学生としてエコール・デ・ボザールに学んでおられたので、これらの資料はそのフランス滞在中に集めておられたものの一部と見られる[1]。

　内容はラブルースト研究初期の文献であるルネ・プルーアン Renée Plouin の論文 *Henry Labrouste. Sa vie, son Oeuvres. 1810-1875* (1965) のコピィと、本訳書の原著であるサディ Pierre Saddy による図録、及び雑誌などの関連文献のコピィ、そしてレポート用紙にびっしりと書き込まれ各処に赤字の訂正が入ったサディの著作の訳稿であった。おそらくこの翻訳作業はかなり早い時期に（1980年代から？）着手されていたと見られるが、未定稿のままの状態から判断すると、氏としてはこれを翻訳書として公表するおつもりはなく、ライフワークとして進めておられたデュラン J.-N.-L. Durand の研究と併せ、フランス十九世紀の建築に関する（とりわけその建築家教育の制度に関する）論考のための一素材と考えておられたのではないかと思われる。丹羽氏がこれまで発表してこられたフランス建築に関する研究は、主としてポリテクニクにおける教育カリキュラムをめぐるもので、ボザールでの建築教育やそれへの最も強力な批判者であったラブルーストについては、あまり触れてこられなかったように見えるが、これら遺された資料からみるといずれはボザールの問題をも視野に入れた広汎な著作に取り組む計画を温めておられたのであろう。氏がラブルーストに関してものされたまとまった文章としてはこのサディの訳稿があるのみなので、あるいは氏の意図しておられた利用法とは異なるかもしれないが、とりあえずこれを独立した訳書とすることで、故人との約束の一部を果たすことができるのではないかと考えた次第である。

　サディの著作は40年近く前のもので、その後の研究により幾つか訂正を要する部分もあるようだが、適切な図版の選択と簡明な解説によってラブルーストの建築的足跡を要領よく紹介しており、いまなおラブルースト研究のためのレファレンス文献としての利用価値は高く、日本における今後のラブルースト研究のために役立つはずである。図録という原著の性格上、図版の配列と本文の割り付けなどは可能な限りサディが作成したレイアウトに従うように心掛けたが、訳注（編者の判断で付したもの）を脚注のかたちで収める必要上、原本の判型（21×21 cmの正方形）を変えてA4版とした。1頁に収まっていた索引頁だけは読みやすさを考慮して2頁としたが、それ以外の頁割り付けは変えていない。

　訳文については丹羽氏の訳稿のそれをできるだけ尊重しながらまとめたつもりであるが、かなりの部分が編者の言い回しとなってしまうのは避けがたく、訳文についての責はすべて編者が負うべきものである。一応の体裁が整った段階で、飯田喜四郎先生には無理をお願いして校閲を頂いた。ご多忙の中、細部にまでわたって赤字を入れて修正して下さり、フランスにおける建築関連役所の名称の訳などのご教示を頂いた。

　また、幾つかの疑問点や誤訳箇所について、名古屋造型大学の白鳥洋子氏から懇切なご教示を頂いており、ここに併せて感謝の言葉を記させて頂く。

　プルーアンの論文については、これはパリ大学の文学・人文科学部に提出された学位論文で、丹羽氏が遺されたものはおそらく提出時のタイプ原稿の複写と見られ、各処に手書きの訂正書き込みがあり決定稿であったようには見えず、またこれがその後公刊された様子はない。これをそのまま翻訳・紹介するには無理があるようで、丹羽氏も翻訳を試みようとした形跡はない。しかしこの論文はその後のラブルースト研究の中で幾度も参考文献として挙げられてきており、論文としては不完全な形ではあるがそれが引い

ている史料の中には他書には見られないものが含まれていることなどもあって、今後も参照される可能性があると考えられる。おそらくパリ大学や国立図書館などに請求すればそのコピーは現在でも入手可能であろうが、このような文献が利用可能であることだけはこの機会に伝えておきたい。

*

ラブルーストが生きた19世紀のフランスは、大革命の余波の政治的変動が繰り返された目まぐるしい時期にあり、またそのような中での独特のエリート官僚養成システムとそれを支えるアカデミズムの存在が、フランスの建築家の立場をやや特殊な状況下に置くこととなる。それらの事情についてはサディも本書の中で触れてはいるが、その後の研究成果もふまえ、ここで若干の補足をしておくことにする。

1840年代ころまでは民間の建設投資は低調であり、建築家にとって魅力のある建設事業としては公共事業や宗教施設関連のものしかなく、それらも多くは補修や管理・維持の業務で、内務省の「公共建築部」Bâtiments Civils や「文化財保護事業部」Service des Monuments Historiques[2]、宗教省 Ministère des Cultes などに登録された技術者たちに割り振られるものであった。グラン・プリを獲得し5年間をローマに学んで帰ってくる若いエリート建築家たちは、いずれそれらの公的機関所属の技術者として登録されることを期待していたのではあるが、実際にその機会に恵まれるのは希で、何らかの縁故関係での採用が多く、またその選任にあたってはアカデミーが強い影響力を保持しており、そこでの評価が若い建築家の運命を大きく左右した[3]。

ラブルーストの場合、その才能は早くから注目されていたものの、アカデミー＝学士院との関係はあまり芳しいものではなかった。アカデミーはかねてからローマでの給費留学生 pennsionaire たちの行動に懸念を示しており、学生たちがローマのアカデミー所長の許可なしに旅行をさせないように指示をしたりして、彼らが古典古代以外の遺構などから新しい着想を求めたがる傾向を苦々しく見ていたようである。1816年以来美術アカデミーの終身事務局長となっていた牢固たるクラシシズム信奉者カトルメール・ド・カンシィ Quatremère de Quincy (1755-1849) の方針とそれを墨守するエコール・デ・ボザールの教育システムに は、若手のみならず建築行政をになう内務省からも批判の声が上がっていたのであったが、アカデミーはかえって頑なにその方針に固執し、給費生がアカデミーの公認する「正統的」見解に異を唱えるような内容の envoi を提出してくることに対し厳しい姿勢をとり続けていた[4]。

1828年にラブルーストがパエストゥム遺跡の実地調査に基づく報告を4年次の envoi として提出したのは（パリ送付は1829年）、そのような状況下であった（本文の pp. 19-21参照）。ラブルーストはほとんど主観を交えず説明文も最小限に抑え、淡々と大判の23葉の図で結果だけを示していたのであったが、18世紀末にドラガルデット Claude-Mathieu Delagardette (1762-1805) が発表し[5]アカデミーの公式見解となっていた学説を結果的に批判することとなっており、アカデミーは受け取り拒否まではしなかったが、講評会ではその実測結果や復原的考察を受け容れがたいとする厳しい意見が続出する[6]。これはその内容もさることながら、現代の建築が手本とすべき古典期ローマの建築ではなく、それ以前のプリミティヴなものであるとされていたギリシア植民地の建築を取り上げたこと自体が、アカデミーにとっては許し難いことであり、その権威に刃向かうものであると受け取られたのである。

当時ローマのアカデミーの責任者であった画家オラース・ヴェルネ Horace Vernet (1789-1863. 1829年から34年までヴィッラ・メディチの長の任にあった) は、ラブルーストを擁護し、アカデミーに対しラブルーストたちが講評結果に不満をもっていることを伝えていたうえ、自らもパエストゥムに赴きラブルーストの調査が正確なものであったことを確認し、もしアカデミーがその講評を取り下げないのであればローマのアカデミーの職を辞任したいと内務省に申し立てていた。かくてこの一件は単にラブルースト対アカデミーの間の問題にとどまらず、アカデミーの旧弊な体質やその専横をコントロールできない内務省の無策への批判にまで発展することとなる[7]。

1830年の2月初にパリに戻ったラブルーストは、学生や進歩的な文化人たち（その中にはヴィクトル・ユゴーも含まれていた）から、革新の旗手として歓迎されたと言われる[8]。この年の7月、いわゆる「七月革命」によりシャルル十世に代わってオルレアン家のルイ－フィリップが登場することとなるが、この間にボザールの学生たちもコン

クール審査方法などの改革要望書を提出し、デュバンやラブルースト、ジゾールといった面々もそれに署名している。要求は多岐にわたり、グラン・プリへの応募はすべての建築家志望の若者に開かれるべきこと、審査に学生も参加させることや技術面での評価は公共建築部が下すこと、公共施設の建設に当たっては充分な教育を受けた建築家を指名すること、一人の建築家が同時に複数の大きな公共施設の仕事に関わることがないようにするなどの項目が挙げられていた。この騒動のためエコール・デ・ボザールは数日間の閉校を余儀なくされている。1830 年、新しい内務大臣となったモンタリヴェ伯爵 Camille Bachasson, comte de Montalivet (1801-80) は改革派に同情的で、ローマのアカデミーの長に対しては今後はパリのアカデミーを介さずに内務省と直接連絡を取るように命ずる一方、1831 年 1 月、エコール・デ・ボザールやグラン・プリの改革のための委員会を設置し、カトルメール・ド・カンシィを初めとするアカデミーのメンバーたちにラブルーストやデュバンら若手を加えた会議を提案するが、アカデミー会員は皆それに参加することを拒否し、残ったアカデミー会員以外のメンバーだけで提案書を起草し 10 月末にそれを内務省に提出する。この間には内務大臣が交替しており、新しい大臣は提案書をアカデミーに渡して批准することを求めたが、アカデミーは自らの既得権を譲ることについては全面的に拒否する。ヴェルネも 1832 年 5 月には最終的に矛を収めてアカデミーに屈するしかなかった[9]。アカデミーにとってはその絶対的権威を保持することが何よりも重要であり、これまで認められてきた学説の当否をオープンに論議することやコンクールの審査権を外部のものに明け渡すことなどは、自殺行為であると考えられたのであろう。カトルメール・ド・カンシィは 1839 年になって高齢を理由にアカデミー事務局長の職を辞するが、これによってもアカデミーの体質がただちに変化するような兆しは見えず、ラブルーストがアカデミー入りを認められるのは 1867 年になってからのことである。

この間、ボザールの学生の有志がラブルーストに「アトリエ」を開設することを要請し、1830 年の 8 月に学生たちが学校の近くに見付けてきた貸家で、教育活動を始めることとなった。このアトリエは 1856 年にラブルーストが建築実務に専念したいとの理由で閉鎖するまでの 26 年間、最も多数の学生たちを擁しており、また「反アカデミー」の牙城と見なされることになる。のべ 400 人もの学生がそこから巣立ったが、しかしグランプリを獲得したものは皆無であった[10]。ラブルースト自身も、1838 年になってようやく Monuments Historiques の建築家の地位を得[11]、次いで Bâtiments Civils からサント‐ジュヌヴィエーヴ図書館の建築家に指名されるまでは、デュバンの下でエコール・デ・ボザールの校舎の工事監督を務めるかたわら、幾つかの個人の墓の設計や国内外の競技設計に参加することで辛うじて建築家としての活動を続けることができた。

こうしたアカデミーとの対立やその後の作品における大胆な鉄の使用などのために、ラブルーストは支持者たちから「反体制」の旗手に祀り上げられ、またその後の近代建築史の記述の中でもそうした「進歩的」側面が強調されてきていたのであるが、ラブルースト自身は必ずしも自ら進んでそうした「反体制」的運動の先頭に立つことは少なかったし、建築家の社会的地位の確立とそのために必要な教育の改革には熱心に取り組むが、自立したプロフェッションを志向するというよりは、のちに Bâtiments Civils の「総監」Inspecteur général の地位に就くこととなる彼自身が体現していた、国家体制への忠実な奉仕者＝テクノクラートとしての役割の方を重視していた[12]ように見える。しかしそうした立場が彼の建築にどのような影響を与えていたのかは、それほど容易に答えられるような問題ではない。

パエストゥムの神殿の調査復原に見られたように、彼の歴史的建造物に対する眼は一貫して「科学的」であり、「古典主義」のような美学的ドグマに囚われることなく、具体的な物証から用途や構造の成り立ちを合理的に判断しそれに基づいてあるべき姿を復原するという姿勢は、デザイナーというよりは冷徹な考古学者・機能主義者のものである[13]。学生たちに常に強調していたのは形態それ自体の美よりも建物の用途や人体寸法に適合させるべきことであり、古典風建築につきもののせいの高いポルティコや柱廊は、実際には吹き込む雨や日射しを防ぐことができないので意味がないと説いていたという。彼は「バロック」風の形態や意匠には批判的で、その影響を受けた 17, 18 世紀のフランス建築を嫌っており、ヴェルサイユを決して訪れようとしなかったと言われるし[14]、国立図書館の工事の際に

も、ロベール・ド・コットによる建物など（"Cabinet des Médailles" や "Arcade de Nevers"）を惜しげもなく取り壊してしまっている。また当時高まりつつあったゴシック再評価＝中世主義の風潮に対しても特に関心を示した様子はない。Monuments Historiques の建築家として中世の聖堂の修復に関わった際にも、それらの意匠にはほとんど思い入れを示さず、現状の保存に必要な最小限の構造的補強以上の手を加えることはなかった。

一方その建築は、機能を重視した平面計画や新しい設備の導入に積極的な反面、構造の主体は依然として石造である。「オーダー」こそ用いられていないが、それに由来する古典風の骨格は崩していないし、装飾モティーフはすべて古代建築から（ただし古典期ローマのそれよりは、エトルリアやエジプトなどのそれから）採られたものである。それでもサント－ジュヌヴィエーヴ図書館が姿を現し始めたときには、人々はそれを全く新しいスタイルの到来と受け止め、"Néo-Grec" という呼称をそれに与えた[15]。それは鉄の使用という「先進性」以外のところでも、この建物が当時の人々にとって大きな革新と考えられたことを意味する。なにゆえそれが "Néo-Grec" なのか、それがどのような革新性を具えているのかは必ずしも明確ではないが、いわゆる「グリーク・リヴァイヴァル」や「ゴシック・リヴァイヴァル」といった過去の様式復古とは異なる、建築の質的変化をそこに認めたのであろう。しかもラブルーストとは違って「ゴシック」に新たな途を見出したヴィオレ－ル－デュクも、自らの出発点がラブルーストによる建築的革新であったとしているのである。

ギーディオン以後の20世紀の批評の多くは、当時のこうした受け止め方を無視し、もっぱらその技術的先進性の点だけでこの建物を評価し、パクストンの「クリスタル・パレス」やバルタールの中央市場などの系譜で扱ってきていたが、近年のラブルースト研究では、そうした「近代化」＝新たな技術の採用という単純な歴史的指標だけでは、この時期の多岐にわたる建築現象を説明しきれないという意見が多くなってきている。問題はその "Néo-Grec" とされたものの中身を考えることであり、それが当時の社会にとってどのような意味を持っていたのか、またそれがいかにヴィオレ－ル－デュクの方法とつながるかということであって、研究者の視点はそこに集中してきているようであるが、私の見るところ、いまだ満足すべき展望は開けていないようである。今後の更なるラブルースト研究が要請される所以である。

丹羽氏の遺されたこの訳書が、そうした研究のための踏み石となることを願って、編者の後書きに代えたい。

注

1. 丹羽氏の研究業績については、《建築史学》、第60号（2013年3月）の淵上貴由樹氏による追悼文「丹羽和彦先生を偲んで」（pp. 58-63）に詳しく紹介されているので、そちらを参照願いたい。
2. 1830年の「七月革命」のあと設置され、当初は商務省の管轄であったが、のち内務省に管轄が移されている。1834年からはプロスペル・メリメ Prosper Mérimée (1803-70) が Inspecteur général となっていた。
3. 経済上の点からすれば、実際にはこれら公共事業に関わるよりは民間の開発・建設事業に携わる方が遙かに利益が大きかったのであるが、民間事業者はグラン・プリを獲得したエリートたちよりは無名の若手を雇用することが多く、また官公庁の建築家となることはその名誉を高めるものと考えられていた。
4. カトルメール・ド・カンシィのアカデミーとエコール・デ・ボザールに対する施策については、Louis Hautecœur, *Histoire de l'Architecture classique en France*, Tom. VI (1955), pp. 147-152 を参照。またこの間の事情については Plouin (*op. cit.*), pp. 18-53; Richard Chafee, "The Teaching of Architecture at the Ecole des Beaux-Arts", in Arthur Drexler (ed.), *The architecture of the Ecole des Beaux-Arts*, New York 1977, pp. 61-109 などを参照。
5. C.-M. Delagardette, *Les ruines des Pæstum ou Poseidonia, ancienne ville de la Grand Grèce à vingt-deux lieues de Naples, dans le golf de Salerne*, Paris 1799
6. ラブルーストの *envoi* は1829年10月に展示公開され、アカデミー会員によるその講評会は10月3日に行なわれている。講評会の報告書は1834年に *Rapports sur les ouvrages des architectes-pensionnaires*, Paris 1834 として公刊されたが、すで

に直後から幾つかのジャーナルなどで内容は知れ渡っていた。ラブルーストの envoi の内容等については Plouin, pp. 32-43; Neil Levine, "Henri Labrouste's Restoration of Paestum (1828-29): The Romantic Rejection of Classical Trinity", in Drexler (*op. cit.*), pp. 357-393 を参照。公開展示された envoi はその後公刊されるのが慣例となっており、アカデミーは異論のあった内容を削除した梗概篇として刊行することを提案したがラブルーストはそれを断り、完全なかたちで刊行されたのは死後の 1877 年になってからのことであった（Henri Labrouste, *Restauration des temples et de la ville de Poseidonia [Pæstum]*, Paris, chez Firmin Didot, 1877）. cf., M. L. Dassy, *Compte-rendu*〔書評〕*sur la resutauration de Pæstum exécutée en 1829 par Henri Labrouste*, Paris 1879.（Dassy はラブルーストの娘の偽名という）。

7. ヴェルネは 1829 年 12 月 26 日にカトルメール・ド・カンシィに宛ててラブルーストらの不満を伝えていたが、これに対する回答は全くすげないもので、アカデミーが一学生との間でそのような論争を行なうのは望ましくないので、今後この件については発言を控えるように勧告するものであった。しかし彼は更に翌年早々にもアカデミーに対し抗議を申し立て、ラブルーストにレジョン・ドヌール勲章を与えるべきだとまで主張する。これにも 6 月には拒否回答が送られて来ていた。そして 7 月には辞任を申し出、それも 10 月には却下されている。ヴェルネは 1830 年 11 月 3 日に *Journal des Débas* 誌への書簡で辞任を申し立てた経緯を説明しているが、すでにことの次第は知れ渡り大きな話題となっていた（Plouin, pp. 50-51; Dassy, *Compte-rendu*, pp. 28-29）。

8. 「七月革命」の折りには、学生たちはラブルーストを肩に担いでセーヌ左岸を行進したといわれる（Anatole de Baudot, *L'Archtecture: le passé — le présent*, Paris 1916, pp. 196-197）. cf., Hautecœur, Tom. VI, pp. 239-240; Neil Levine, "The romantic idea of architectureal legibility: Henri Labrouste and the Néo-Grec", in Drexler (*op. cit.*), p. 365: Id., "The book and the building: Hugo's theory of architecture and Labrouste's Bibliothèque Ste-Geneviève", in Robin Middleton (ed.), *The Beaux-Arts and nineteenth-century French architecture*, Cambridge, Mass., 1982, pp.145-146.

9. Plouin, pp. 51-54; Chafee, *op. cit.*, p. 98.

10. ラブルーストのアトリエにおける教育活動については Plouin, pp. 54-65 を参照。

11. Monuments Historiques におけるラブルーストの活動については Plouin, pp. 78-87 を参照。

12. 実際のところはこれはラブルーストだけに限ったことではなく、この時期の建築家たち、とりわけボザール出身で給費留学生 Pensionnaire としてローマに学んでいた者たちに共通した考え方であったようで、1840 年に創設された Société Centrale des Architectes（本文の p. 6 参照）の目標の一つは、ポリテクニク出身の技術者たちに比してボザール出身者には政府機関に用いられて出世する機会が少ないという不公平を是正させることであって、この目標は 1850 年代までにはある程度果たされて、その結果、19 世紀後半のボザール出身建築家たちの多くは官僚として働くこととなる。しかしそれは副作用を伴い、1870 年代以後のフランス建築の無気力さの一因ともなったと言えよう。この経過については David Van Zanten, *Designing Paris*, Cambridge, Mass., 1987, pp. 115-135 に詳しく述べられている。

13. ラブルーストとデュクがポンペイを訪れたときはカメラ（"chambre-claire"）を携えていて、それで写しとったものをもとに図を作成していたという（Léon Vaudoyer が 1827 年 1 月 22 日、父に宛てた書簡. cit., David Van Zanten, *Designing Parsi, op. cit.*, p. 6）。

14. Hautecœur, Tom. VI, p. 244.

15. David Van Zanten, "Architectural composition at the Ecole des Beaux-Arts from Charles Percier to Charles Garnier", in Drexler (*op. cit.*), p. 208.

ラブルーストに関する主要参考文献

1941 Siegfried Giedion, *Space, Time and Architecture, the growth of a new tradition*, Cambridge, Mass.（邦訳、太田實訳、「空間・時間・建築」、丸善、1955—原著第3版〔1954〕からの訳）

1955, 57 Louis Hautecœur, *Histoire de l'Architecture classique en France*, Paris, Tom. VI et VII.

1958 Henry-Russel Hitchcock, *Architecture: Nineteenth and Twentieth Centuries*, Harmondsworth

1965 Renée Plouin, *Henry Labrouste. Sa vie, son Oeuvres. 1810–1875* (Ph.-D. Diss. at Univ. Paris)

1975 Neil Levin, *Architectural Reasoning in the Age of Positivism : The Neo-Grec Idea of Henri Labrouste's Bibliothèque Sainte-Geneviève*, (Ph.-D. Dissertation at Yale Univ., 3 vols)

1977 Arthur Drexler (ed.), *The architecture of the Ecole des Beaux-Arts*, New York

1977 Pierre Saddy, *Henri Labrouste, 1801–1875*, Paris（本書）

1982 Robin Middleton (ed), *The Beaux-Arts and nineteenth-century French architecture*, Cambridge, Mass. & London

1982 三宅理一、「ボザール：その栄光と歴史」、鹿島出版会

1987 David Van Zanten, *Designing Paris. The Architecture of Duban, Labrouste, Duc and Vaudoyer*, Cambridge, Mass.

2002 Renzo Dubbini (ed.), *Henri Labrouste 1801–1875*, Milano

2003 Robin Middleton & David Watkin, *Architecture of Nienteenth Century*, Milano

2012 白鳥洋子、「アンリ・ラブルーストの青年期と師匠たち——18世紀の革新性の継承——」名古屋造形大学紀要、第18号、pp. 59-74

2013 Ron Broadhurst (ed.), *Henri Labrouste. Structure brought to light* (Catalog of Expositon at MoMA & Paris), NewYork

訳者略歴

丹羽　和彦（にわ　かずひこ）

1951年 名古屋市に生まれる
名古屋大学工学部建築学科卒、日本電信電話公社入社
1978-80年　フランス政府給費留学生としてエコール・デ・ボザール第三課程（博士課程）留学
電電公社退社後、名古屋大学大学院に学び、名古屋大学建築学科助手、広島大学工学部助教授、同教授などを経て1999年より佐賀大学理工学部教授となる
2012年7月14日　逝去

主要論文・著作
「J.-N.-L. デュランの建築教育の理論的特質に関する研究　(1), (2)」、1990年（建築学会論文集）
「エコール・ポリテクニクにおける建築教育の理論的特質に関する研究」、1993年（名古屋大学へ提出した学位論文）
「L.-P. バルタール『建築の勉学に資する概要評』について」、1993年（建築学会論文集）
「エコール・ポリテクニクにおけるL. レノーの建築教育プログラムについて」、1996年（建築学会論文集）

他、共著多数

編者　福田 晴虔（ふくだ せいけん）　九州大学名誉教授
故人とは1991年以来の知己であったご縁でこの仕事を引き受ける。

目次

イントロダクション　　　　　　　　　　　　3

エコール・デ・ボザール 1819-1824　　　　　4

ローマ滞在 1824-1830　　　　　　　　　　　8

葬礼のための建築　　　　　　　　　　　　22

ローザンヌの州立精神病院 1836-1837　　　27

コンコルド橋 1836-1840　　　　　　　　　30

アレッサンドリアの刑務所 1839-1840　　　33

サント‐ジュヌヴィエーヴ図書館 1838-1850　37

サン‐フィルマンの農業コロニー 1845-1848　61

レンヌの大神学校 1853-1872　　　　　　　65

オテル・ド・ヴィルグリュイ 1865　　　　　70

ブカレストの劇場 1843-1845　　　　　　　74

国立図書館 1854-1875　　　　　　　　　　75

年譜　　　　　　　　　　　　　　　　　　94

索引　　　　　　　　　　　　　　　　　　95

　編者後記　　　　　　　　　　　　　　　97
　ラブルーストに関する主要参考文献　　　102

本書のための史料採録は
Jacques Musy による

カヴァー
国立図書館のクーポラ
Etienne Revault 撮影

裏表紙
サント‐ジュヌヴィエーヴ図書館
Pierre Saddy 撮影

建築家
アンリ・ラブルースト
ⓒ

発行
2014年4月25日
著　者
ピエール・サディ
訳　者
丹羽　和彦
編　者
福田　晴虔
発行者
小菅　　勉
印刷
藤原印刷株式会社
製本
松岳社

中央公論美術出版
東京都中央区京橋2-8-7
TEL. 03-3561-5993

ISBN978-4-8055-0720-9